30代サラリーマンが
1日1時間で
東大に合格した

「超」効率勉強法

THE EXTREMELY EFFICIENT STUDY METHOD

松下佳樹
Yoshiki Matsushita

彩図社

はじめに

社会人になってからおよそ10年、日曜の夜が来るたびに暗い気持ちになっていました。会社に行かねばならないことを考えて、ではありません。「何か新しい勉強を始めたい」「人生の大きなプラスとなることをやりたい」などということを漠然と考えていながら、無為に週末を過ごしてしまったことへの後悔です。やる気だけが先行して、行動が伴っていない状態でした。

全く時間が無かったわけではありません。仕事や家庭に多くの時間が取られるのは確かでしたが、それは新しいことを始められない自分への言い訳に過ぎませんでした。無駄に過ごしている時間や、ちょっとした「あいま時間」があることは、自分でもわかっていました。

本書は、そんなどこにでもいるような普通のサラリーマンである私が、意を決して東大受験に挑み合格に至るまでの3年間の経験をまとめたものです。「高校の勉強以外に3000時間はかかる」とも言われる東大受験を（受験本番の時間も含めて）1000時間弱でクリアできたのは、「目標をよく知る」「コスパの高い計画を立てる」「あいま時間をうまく使う」といった点を重要視して、少ない時間を効率よく使うことができたからにほかなりません。

これらのテクニックは、現役生時代の私にはありませんでした。社会人になってから自然に身につけてきていたものです。一方で**「目標を細分化したノルマ設定」や「過去問の使い方」「ヤマカンでうまくいったものをそのままにしない」などは、受験勉強での経験がその後の資格試験やビジネスに活きています**。受験に限らず、何かに挑戦したことで得られた経験は、日常生活にも活用できるものになると思います。

社会人で大学受験をしようと考える人は日本では少数かもしれませんが、資格試験や趣味やスポーツなど、何かに挑戦したいと考えている人は多いでしょう。そしてその多くは、「時間がなくて……」という理由から、一歩目を踏み出せずにいるのではないでしょうか。そこで、私の経験から生まれた勉強法が誰かの挑戦の一助になるかもしれないと思い、筆を執ることにしました。

この本を手に取ってくださった方には、東大を目指す若い受験生の方もいらっしゃるでしょう。普通の東大受験本よりは「ぬるい」感じかもしれませんが、息抜きがてらお読みいただき、お役に立ちそうなものがあればご活用ください。

「東大合格」という明確な目標に向かって勉強を始めたことで、私の中にあった暗い気持ちは段々と晴れていきました。勉強を進めていくにつれて勉強そのものが楽しくなり、自分がレベルアップしているような感覚も生まれました。結果的には合格という成果を得られましたが、もし合格できていなかったとしても、この挑戦の経験は自分にとって大きなプラスになっていたと思います。

本書を通じて「楽しく効率良く勉強する」ことをお伝えできれば幸いです。

30代サラリーマンが
1日1時間で
東大に合格した

「超」効率勉強法

第1章 超効率勉強のカギを握る「勉強の始め方」

第2章 すべての基礎となる「基本戦略の立て方」

第3章 時間を最大限に活かすための「勉強習慣の作り方」

第4章 安定した得点につなげる「科目別勉強法」

第5章 結果を左右する「本番当日の過ごし方」

第1章

超効率勉強のカギを握る「勉強の始め方」

no.1

【東大二次は理解力が問われる「良問」入試】

時間は無い、やる気はある。ならば東大だ！

あなたが抱く「東大入試」のイメージはどのようなものでしょう。

膨大な単語や、重箱の隅をつつくような知識を暗記しなくてはならない？　尋常でないスピードで正確な計算をこなさなくてはならない？　ものすごい暗記力を備えた人が、毎日十数時間も勉強してやっと合格する試験――そんな想像をされる方が多いのではないでしょうか。そうした試験に合格した人物の勉強法に興味を持って、この本を手にとってくださった方もいるのかもしれません。

そこで、まず私がどのような人物で、なぜ東大を目指そうと考えたのか、そしてどのように勉強を進めていったのかをお伝えしたいと思います。

私は2020年の春、36歳で東京大学の文科三類に合格しました。

暗記は苦手中の苦手。学生時代から暗記ものはいくらやっても人に遅れを取っていました。就職してからは、人の顔と名前をなかなか覚えられずに苦労しています。最近になってポーカーを始めたのですが、自分に配られた手札すら記憶できず、伏せたカードを何度も手に取って見返している始末です。

勉強時間はこのあとの項で詳しく述べますが、皆さんの想像よりは短いことと思います。仕事を辞めて1年勉強した、などではありません。夫婦共働きで子どもを2人抱えた、どこにでもいるようなごく普通のサラリーマンです。海外生活のおかげで英語の試験にアドバンテージがあった——などというカラクリもありません。


東大の入学試験は暗記力やトレーニング量ではなく、どれだけ「理解」していたかの質が問われる試験だと思います。**1語1語の暗記よりも、背景や意義、用途を身につけることが点数に繋がる**のです。

例えば地歴では、細かい用語（この言葉には個人差がありますが）を正確に書くことはさほど求められません。ある事実に対して、それが「何を意味しているのか」「どんな意義があるのか」を問われます。「この用語を使って3行以内で述べなさい」のような出題形式が多いので、用語自体を正確に覚える重要性は大きくありません。その時代や地理の背景をよく理解しておくことで、知識をうまく組み立てて解答できるのです。

「東大二次では膨大な計算が要求される」とよく言われる数学にしても、実際のところは理解の重要性が大きい試験です。**「どのように考えたか」を示すだけでも大きな部分点をもらえるため、「考え方の理解」だけで点が稼げるという特徴がある**と感じます。

センター試験（現・大学入学共通テスト）にも、同様の特徴を感じていました。マニアックなクイズのような暗記問題は見られず、「それを理解していることで、更に知識が広がる」ポイントを問われることが多かったように思います。数学についてはマークシートの制約があるため計算力が必要になりますが、解法の要所ではしばしばヒントが出されず、発想力が問われます。

もちろん、基本的な用語や定義、事実や学説を知っておくことは必要です。それは単なる「試験対策のための暗記」ではなく、「スムーズなコミュニケーションを図るうえで、互いに持っておくべき前提知識」だからです。仕事の中でも、同業者なら専門用語で話したほうがずっとスムーズでしょう。学業においては、「教科書レベルの知識」というのがそれにあたるのです。

そして、センター試験や東大二次試験で求められるのは「教科書レベルの知識をしっかり理解し、使いこなせるようになっていること」です。「教科書を読む」「授業を聴く」という基礎トレーニングの出来が最も深く問われるのが、センター試験であり東大二次試験である――と私は考えます。

「知識を身につけたいと思ってはいるけど、あまり時間が取れない」という人にとって、この試験の傾向は歓迎すべきものでしょう。**勉強時間をどれだけ掛けられるかではなく、どれだけ理解しようとしたかが問われる**のですから。

東大に合格してから、周りの人に「よく東大を狙おうと思ったね」と言われました。しかし実のところ、私のような社会人にとっては（ある程度の難関大学の中では）「東大くらいしか狙えなかった」とさえ言えるかもしれません。

上記を踏まえ、私は「教科書レベルの知識」を身につけることを重視する勉強をしました。苦手の英語は英会話教室に通いましたが、あとは独学です。

参考までに、私が使用した主な教科書や参考書を挙げておきます。

《日本史》『新もう一度読む山川日本史』山川出版社
《日本史》『センター試験　野島の日本史B最速要点チェック』東進ブックス
《日本史》『日本史B講義の実況中継』語学春秋社
《地理》『地理B講義の実況中継』語学春秋社
《地理》『直前30日で9割とれる　鈴木達人のセンター地理B』KADOKAWA
《数学》『チャート式（赤チャート）数学Ⅰ＋A（Ⅱ＋B）』数研出版
《数学》『数Ⅰ・A（数Ⅱ・B）定理・公式ポケットリファレンス』技術評論社
《数学》『志田の数学Bスモールステップ完全講義』東進ブックス
《英語》『速読英単語』『速読英熟語』Z会
《英語》『関正生の英語の発音・アクセント　プラチナルール』KADOKAWA
《国語》『古文単語ゴロゴ』スタディカンパニー
《物理基礎》『橋元の物理基礎をはじめからていねいに』東進ブックス
《化学基礎》『満点をめざす！　センター化学基礎』技術評論社

こうしてみると、国語が極端に少なくなっていますね。ここは社会人のアドバンテージです。そもそもある程度の知識が身についていて、丁寧に問題を読みさえすれば点が取れる見込みはあるでしょう。ここから更に点を伸ばそうとすると、まとまった時間の勉強が必要になるはずです。限られた勉強時間を投入するにはコストパフォーマンスが悪いため、私は他の科目に時間を割きました。

上記以外に過去問や模擬試験の問題集はいくつか使っていますが、これらは2章、3章で紹介します。これら以外の参考書も、「東大の～」と銘打ったものも含めていくつか買いましたが、難解なものに手を出すには時間が足りませんでした。また、当初は理系受験を視野に入れていたため、数学Ⅲや物理・化学の参考書にも手を付けましたが、結局文系に切り替えたため、これらは省略しています。

ここに挙げたものの中で、腰を据えて取り組まねばならないのは数学の赤チャートくらいです。その他はタイトルを見てわかる通り、いずれも「教科書・センターレベル」といえるものでしょう。前述のように、センター試験も「暗記ではなく、背景や意義を問う」良問が多い試験です。試験対策は別として、勉強のやり方においてはセンター・二次の区別をつける必要はありませんでした。

ちょっとした時間ができたときに「教科書・センターレベル」の参考書を繰り返し読むだけで、東大合格レベルにまでは到達できたのです。ひたすら暗記や計算を求める試験だったならば、こうはいかなかったでしょう。

このように**東大入試は、「勉強してきた時間で勝負する試験」ではなく「理解してきた内容で勝負する試験」といえます。**東京大学入学者選抜要項にも、「知識を詰めこむことよりも、持っている知識を関連づけて解を導く能力の高さを重視します。」とあります。時間が無くてやる気があるという人に打ってつけなのではないでしょうか。

point

東大二次は「勉強時間」ではなく「理解度」で勝負できる「短時間受験」に打ってつけの試験

no.2

【私が東大を目指したわけ】

「趣味、本業、副業、将来」の一挙四得！

私が東京大学の受験を思い立ったのは、2017年春のことでした。33歳の頃です。16年前の高校生時代にも東大を受験したことはありますが、そのときは不合格。別の大学を卒業していました。

直接のきっかけは、高校の数学を勉強し直したいと思ったことでした。私の職業はゲームのプランナー（企画者）ですが、思いのほか高校数学の知識を使うのです。自分の思いついた新コンテンツをゲームシステムとして成立させようとする際、確率やlog（対数関数）の知識が必要になることが頻繁にありました。そのたびに調べながら作業をしていたのですが、基礎知識の不足を痛感しました。

また、大人になって、調べて学ぶこと自体が楽しいと感じるようになっていたのです。学生時代の私は、決して勉強が好きなほうではありませんでした。学校の授業はちゃんと聞いていて成績は悪くなかったものの、家で勉強してまで更に上位を目指そうとまでは思っていませんでした。多いときで4つの部活動を掛け持ちしていましたし、帰宅後は流行り始めていたネットゲームに深夜まで没頭していました。勉強には十分な興味が向いていませんでした。

それが30代になって、**勉強が楽しく感じるようになってきていました**。何か専門的な分野を大学で学びたいと考え始めたのです。それ以前に必要なこととして、大学受験レベルの基礎知識や思考を身につけておきたいと感じるようになりました。

また、大学受験の経験は、本業にも活かせる見込みがありました。日本史や地理の知識はゲームの企画アイディアにつながりそうですし、化学や物理からゲーム内のデザインや動きのアイディアを思いつくかもしれません。

それら直接的な成果にとどまらず、「最近の東大受験を経験している」ことで、関われる仕事の範囲を広げられることも考えられました。学歴が武器になるような業界ではありませんが、経験や知識は武器になります。例えば電車のゲームをつくるとしたら、「鉄道に詳しい」

社員に意見を求めたり、チームメンバーになってもらったりするでしょう。それと同様に、例えば学習系のゲームが企画されることがあれば、「東大合格」という実績はわかりやすいアピールになるでしょう。

加えてこの頃、私の会社でも副業が認可されるようになっていました。この本を書いていることもそうですが、動画サイトや家庭教師などで副収入が見込めそうです。また、これから年齢を重ねていく中で、いつまでもゲームのアイディアを生み出せるとは限りません。学ぶことでアイディア力を維持しながら、いずれ引退を迎えたときには別の役割を担えるように、わかりやすい実績を持っておこうと考えたのです。

このように、受験それ自体が目的だった私ですが、大学で学びたいこともたくさんありました。数学はもちろん、経済、文学、史学にも高い興味があります。これらが主に学べる東大の科類は、理科一類、文科二類、文科三類。そのいずれを受験するかは後で考えることにして、とにかく改めて高校の勉強を一から始めることにしたのでした。

家庭と仕事がありながらの勉強との両立について気になっている方もいらっしゃるかもしれませんが、妻に対しては、「3年間だけ挑戦させて」と話していました。それほど受験勉強に時間を割くわけではありませんが、それでもある程度の負担にはなってしまうでしょうし、少なくとも年に4日の受験当日は完全に家を離れる必要があります。それを受け入れてもらえたのはとてもありがたいことで、妻の理解なしには受験に挑むことすらできませんでした。

この本を書くにあたって、3年前にどう思っていたのか、妻に聞いてみました。どうやら、そのうち飽きるだろう、という印象だったようで、勝負になるラインまで勉強を続けるとは思っていなかったようです。確かに色々な趣味に手を出して飽きるのは思い当たる節があるので、そう思われていても仕方がないところです。

2年が過ぎて、合格ラインがある程度見えてくると、「来年ギリギリで落ちたら、もう1年やりたいと言われそう。参考書が本棚から溢れてきているし、どうにか来年でケリをつけてほしい」と思っていたとのことで、3年目で合格してくれてホッとしたそうです。

一方、会社の同僚や上司は、面白がって応援してくれていました。学歴そのものが売りになるような世界ではないので、かえって東大受験をネタとして扱いやすい環境でした。周りに話すことで、しっかり結果を残さなくてはと自分を追い込む効果もあったと思います。

勉強を始めるにあたって意識したのは、今までやっていた「やるべきこと」は、少なくと

も今まで通りにはやろう、ということ。そうでなくては、「○○もしないで何をやっているんだ」と思われるに違いないからです。近い将来のプラスになると考えて受験勉強をするとはいえ、すぐに家庭や会社に還元できるわけではありません。仕事の成果のクオリティを落としてしまっては、お客様に対しても顔向けできません。

その考えを持って受験勉強に挑んだ結果、**時間を効率的に使う意識が高くなり、こなせる作業量はかえって増加しました**。体力的にはかなりきつい生活になってしまいましたが、これまで漫然と過ごしていた時間に張りが生まれ、人生を楽しめるようになった気すらしています。お皿洗いをしている時間や通勤列車に揺られている時間も、「つまらない」と思うことが減ってきました。何かに挑戦することがこれほどのプラス効果を生むとは、自分自身でも予想外でした。

point

勉強への挑戦は「合格」という結果をもたらすだけでなく
その後の価値観も大きく変える

no.3

【私の東大合格までの所要時間】

限られた時間をいかに効率的に使えるか

本業をこれまで以上にきちんとこなしながら受験勉強をするためには、限られた時間を効率的に使うしかありません。また、私には当時4歳の長女がおり、夏には次女の誕生も控えていました。仕事以外の時間も自由に使えるわけではありません。独身時代、ましてや高校生の頃と比べると、使える時間はほとんどありませんでした。

勉強を始めた時点で、センター過去問の得点は900点満点中の443点（国語120／200、数学93／200、英語83／200、理科36／100、社会111／200）でした。これでは二次試験の受験すらかないません。東大は二次試験の受験者数を限定しているので、センター試験の点数が低いと、「足切り」に遭ってしまうのです。足切りラインは年によって大きく異なりますが、740点くらいはないと危険でしょう。

東進ハイスクールでは高校2年生などを対象にした「センター試験同日体験受験」が行われています。ある校舎の紹介記事によると、難関国立大学に合格した人の「1年前の得点率」（英数国）は72％程度だったそうです。私のスタート地点は50％を切っているので、だいぶ遅れを取っていることになります。

このスタート地点の成績と自分が使える時間から、東大合格までの想定期間を3年間と設定しました。1年目の目標は足切り通過に置き、高校の勉強を一通りさらって二次試験まで体験することにしました。その経験を踏まえて2年目・3年目で得点を上げていこうと考えたのです。結果的に3年トータルでかかった時間は、受験本番などを入れて1000時間弱でした。**単純に平均すると、1日あたり1時間程度だったことになります。**これならば、社会人でもその気になれば捻出できる範囲内でしょう。

どのように学習を進めたかは2章でお話しするとして、私が1000時間をどのように使ったか、まずはその内訳を振り返ってみたいと思います。

【1年目】

春に受験を思いついてからしばらく経ち、7月頃から勉強を始めました。まずは高校の参考書を購入し、一通りおさらいです。そう、「おさらい」のつもりだったのですが……。実のところ「昔、こんなこと習ったっけ？」だらけで、初めて勉強するのと変わりませんでした。

後の2年と比べて、この年は時間に余裕がありました。3年間で使った時間のかなりの割合がこの年に集中しています。数学と日本史を中心に、1日平均2時間、8カ月で480時間ほど。あまり好きではない科目の英語は、英会話教室で1回1時間、全20回。それに加えてTOEICの試験（2時間）を2回。物理・化学は冬休みに一気に34時間。**センター試験と二次試験当日の時間を入れて、1年目は全部で570時間くらいでした。**得点は、センター試験が740点（足切りを2点差でギリギリクリア）、二次試験が308点（550点満点中。合格点には36点不足）でした。

【2年目】

どの程度追い込めばセンター試験のレベルに到達できるかは体得できたので、2年目は心理的には余裕を持つことができました。ただ、この年は業務がピークに達しており、毎日深夜の帰宅。朝は準備と保育園送りで精いっぱいなので、自宅での勉強時間はほとんど取れませんでした。定期的に英会話教室に通うのは難しくなり、この年は完全に独学です。

この状況下で1年間ずっと勉強をするのは心身ともにもたないと感じたため、**10月までは思い切って「勉強をしない」ことにしました。**とはいえ、研修や出張で遠出した際は勉強時間を取ることができるので、新幹線や飛行機、ホテルで集中して勉強です。この「まとまった時間の勉強」は、1年で50時間ほどでした。

11月からは、**少しの「あいま時間」を見つけて勉強に取り組みました。**例えば、会議の開始時刻に遅れた出席者を待っている時間。子どもを習い事に連れて行って、終わるのを待っている時間。競馬ゲームをプレイして、操作ができないレース中の時間などです。1日平均45分でも、4カ月あれば90時間になります。先述の「まとまった時間の勉強」を加え、センター試験と二次試験の本番の時間を入れて、この年の勉強時間は170時間ほどでした。

得点はセンター試験が800点ちょうどで、足切りの心配はなくなってきました。二次試験は321点で、合格ラインまでは20点強。ただ、二次試験は「うまくいった」うえでのこの結果だったので、少し対策が必要そうでした。

【3年目】

3年目は英会話教室を再開し、1年で40時間ほど通いました。TOEICも2回受験しています。受験勉強そのものは、前年よりも少し前倒しにして7月頃から着手しようと考えていました。6月までは少し休憩です。

ところが夏場になってみると……落ち着くどころか、入社以来一番の忙しさになってしまったのです。やるべき仕事に加えて、自分がやりたい仕事も山ほどありました。

それでも前年に慣れていたこともあって、「あいま時間」勉強で90時間ほどは確保。冬休みは6日間取れたので、ここだけで42時間。センター試験直前と二次試験直前の週末は、妻の協力を得て、12時間ずつ勉強に集中させてもらいました。結果、受験当日を入れて、この年はおよそ230時間を使うことができました。

この年は二次試験で合格ラインに届くための戦略を立て、それを意識して対策をしました（詳しくはP61）。結果は、センター試験は少し落として785点、二次試験は353点を獲得。ボーダーラインの低さもあり、無事に合格できたのです。

振り返ってみると、**それぞれの年で確保可能な時間を考え、その中で達成できそうな目標を立てて、目標に必要な勉強をしてきています**。最初からそこまで深く意識していたわけではありませんでした。無意識に目標を立てて計画的に行動できるというのは、社会人経験のある高齢受験生ならではの強みなのかもしれません。

高校時代の私が1000時間勉強したとして、同じように得点が伸びたとはとても思えません。これから本書でお話しする**「短時間で合格するために何が必要かを考えること」**をしていませんでしたし、そもそも学習するためのモチベーションなどが大違いだったからです。これは、勉強の「才能」よりもはるかに重要なことだと思います。

もちろん、人によって得手不得手があることは否定しません。私も学習を進めていく中で、受験科目の中で「英語」の才能は低いと見切りました。ただ諦めるのではなく「英語のノルマを下げても全体でカバーする方法」を考え、それに向けて全体の学習計画を整えていったのです。

大の苦手科目がひとつあっても、東大に合格できました。「私は数学が苦手だから、文系でも数学が必要な東大には絶対受からない」「苦手な分野があるから、この資格には受かるはずがない」と諦めている人がいるならば、それはとても勿体《もったい》ないことです。

point

目標のためにどれだけの時間を確保できるか、その時間内に「何をすべきか」「何ができるか」を考える

no.4

【「下手の考え休むに似たり」】

IDCA→PDCAサイクルのススメ

効率的に仕事を行うための手法として、よく提案されるのが「PDCAサイクル」です。これは「Plan（計画）→Do（実行）→Check（評価）→Action（改善）」の頭文字を取ったもので、「計画を立てて試してみて、それが良かったかどうか確かめ、悪かった点を改善して次の計画を立てる」という作業と循環の手順を示しています。「Check」をしっかり行うことによって、「Plan」がどんどん洗練されていき効率的な行動をとれるようになるので、日々の業務から経営に至るまで、色々な場面で活かせそうな手法です。

もちろん、勉強にも活用できるでしょう。継続的に勉強するために、英単語を暗記するために、あるいは効率的に復習するために、学びの場では色々な方法で勉強を進めます。

最初に試した方法で結果が出せたら良いのですが、現実的には、その方法が合うかどうかは人それぞれです。**自分に合わない方法に固執してしまうと、貴重な時間を延々と無駄にしてしまうことになりかねません。**ですからその方法で効果があったかどうかを「Ｃｈｅｃｋ」し、次の勉強に役立てることが必要なのです。

ＰＤＣＡサイクルを初めて聞いたとき、「良い方法を聞いた、始めてみよう」と思うものですが、ひとつ落とし穴があります。**最初の「Ｐｌａｎ」が一番難しい**のです。

どのような計画を立てれば良いのか迷い、計画に抜けが無いのか悩んでしまうのはよくあることでしょう。この計画で本当にうまくいくのか疑心暗鬼に陥って、Ｐｌａｎがなかなか完成しません。結果として一歩目を踏み出すことができず、時間が経っていくうちにやる気自体を失って、何もできないままに終わってしまうのです。

バッサリ切ってしまいますが、**何もしないうちからただ考えている時間は無駄です。**下手の考え休むに似たり。最初から良い計画など立てられるはずがありません。そもそも完璧な計画を立てられるのなら、ＰＤＣＡサイクルなんて回りくどいことをやる必要はなく、「Ｄ」で終われば良いのです。

最初の一歩は「Ｐ」よりも**「Imitate《イミテイト》」、つまり「マネ」で始めることをオススメします。**

勉強法を語っている本は、この本を含めて星の数ほどあるでしょう。**誰かが言っている方法をマネして実行してしまい、合わなかったところを少しずつ自分用にカスタマイズしていけば良いのです。**全く合わないようであれば、また別の方法をマネすれば良いでしょう。

私の場合、一番不安だったのは英語でした。英語でまず初めに手を付けたのは、ごくありふれた勉強法「単語カードによる英単語の暗記」です。英単語の参考書を読んでは単語カードに書き写し、カードを1枚1枚めくって覚えたものから捨てていく、という至ってオーソドックスなものです。

しかし、どうにも単語力はつきませんでした。「どのページも見た目が変わらない単語カードでは、印象付けてうまく記憶することができない」点が、私に合わなかったのです。

そこで、覚えたい単語に**別の〝タグ〟を付ける工夫**を考えました。競馬ゲームで自分の馬の名前に付けてみたり、熟語であれば含まれる前置詞によって覚える場所や時間を変えてみたり、形容詞＋名詞をセットにして覚えてみたり、といった具合です（詳しくはP136）。覚えた単語が出題される簡単なクイズゲームをエクセルで作ってみたこともありました。

これでそれなりに単語力を身につけた私は、センター試験の英語ではかなりの点数を稼げるようになり、二次試験でも自分の設定したノルマには到達できました。一般の受験生に比べれば低い単語力でしょうが、配点の大きい長文読解では単語力は「それなり」で十分戦えます。

大事なのは、やる気を失う前に一歩目を踏み出すことです。特に受験勉強などは「先に経験している人がたくさんいる」分野なのですから、最初から闇雲に計画を立てようとせずに先人のやり方をマネしてさっさと始めてしまいましょう。一歩目さえ踏み出してしまえば、一気に前に進みやすくなります。物理基礎の摩擦で習う、「モノが動き出すのを邪魔する静止摩擦係数は、動いているモノを邪魔する動摩擦係数よりも大きい」のと似ています。

私も「一歩目を踏み出す」のがとても苦手で、「やろうとは思っているのだけれど、結局何もやっていない」状態に陥りがちでした。しかし、受験勉強で成功体験を得られた自信から、一歩目の静止摩擦係数が下がった気がします。この本を書き始めることができたのもそのひとつです。

point

既存の手法のマネでいい。
まず、やる気に従って第一歩を早めに踏み出すべし

no.5

目標を立てたときの自分を信じよう！

【勉強の目的を見失わないために】

東大受験生は東大に受かることが目的になって、勉強の本質を忘れている——というような批評を目にすることがあります。私はそうは思いませんが、その是非はこの際置いておくとしましょう。ここで申し上げたいのは、**とりあえず今のところは「東大に受かることが目的」でもいいじゃないか**、ということです。

そもそも、なぜ東大入試に向けて勉強しているのでしょうか。それ以前の段階で、「○○だから東大に入りたい」と強く思ったからでしょう。何かの研究をしたい、就職に有利、六大学野球に出たい、誰々に褒められたい……何でも構いませんが、きっかけはあったはずです。

その実現のための手段として、今現在は「東大に受かること」が短期目標となっているに過ぎません。ですから周囲からどのような声が聞こえてこようと、過去の自分を信じて、堂々と「今は東大に受かることが目的だ」と言ってしまえば良いのです。それをクリアすれば、〝本来の目標〟に近づくはずですから。

目的がフラフラしていては、効率的に前に進みません。まずはブレない軸足として、「東大に受かることが目的」であることを意識してください。東大受験でなくとも、何かの資格取得や合格を目指しているならば、それが目的であると意識するのです。

そうすると「目的を達成するために何が重要か」を雑念なく考えることができます。これで何が変わるのでしょう。結局は「1点でも多く取る」だけなのでしょうか。

ひとつ問題を考えてみましょう。

あなたはある試験に臨んでいます。1問10点、全10問。全問を解くには時間がギリギリで、見直しをしていては間に合わないような、難易度の高い試験です。半分の問題だけを解けば、確実に得点できるでしょう。時間配分と自分の実力を考えると、次の2択です。

A：見直しをせずに全問解く。問題ごとに、正解できる確率は7割。

B：5問は捨てて、残りの5問に注力する。丁寧に見直せるので、確実に50点取れる。

あなたはどちらを選ぶべきでしょうか。

答えは出たでしょうか。この問題は、目的によって正解が変わるのです。「大勢の中で1位を取る」のが目的なら、Aしかありません。「何度も受ける学校の定期テストで平均得点を高めたい」のが目的なら、期待値を計算して、やはりAを選ぶべきです。

しかし、「留年を回避するために50点以上を取る」のが目的だったらどうでしょうか。Aでは、5パーセント弱の確率で留年です。確実に50点を取れるBが正解でしょう。

もちろんこれは単なる例で、自分の正解確率をこんなにわかりやすく出すことはできません。「目的を定めることの意味」を示すためのたとえ話として出したのですが、ボーダーラインの得点率が低めになる東大入試では、これに近い状況は実際にも起こり得ます。

さて、「東大に受かること」を確たる目的として立てました。会社員の私の場合、「短い勉強時間で」という制約がついていました。その実現のために重要だと考えたのは、次の4つです。

■無駄削減……目的に繋がらない〝勉強しているつもり〟の時間を無くす

■知識定着……暗記でなく理解。一時的でない知識として身につけ、復習時間を減らす

■意気継続……途中で投げ出さないように自分をコントロールできる環境をつくる
■得点効率……同じ学力でも、狙った得点を安定してマークできる技術を手に入れる

常にこの通りにできていたわけではありません。あとから振り返れば効率的ではなかったと感じるようなこともたくさんあります。

本書ではそれを踏まえて、「短い勉強時間で東大に受かる」目的のために私がやったこと、考えたこと、思うことを記していきたいと思います。東大入試に関する話をベースに進めていきますが、一般的な資格試験や他の大学入試の勉強に生かせることも多いでしょう。各々の目標を想定しながら、しばしお付き合い頂ければ幸いです。

point

目標に向けたブレない軸を持っておくことが「超効率勉強」のカギを握る！

第2章

すべての基礎となる「基本戦略の立て方」

no.6

【初めての過去問で考えるべきこと】

相手の求めるものを知れ！

この章からは、いよいよ東大二次試験の攻略に入ります。

東大に限らず、他の入試でも資格試験でも同様のことが言えますが、**限られた時間で結果を出すためには、どんな特徴のある試験・問題なのかを自分なりに把握しておかねばなりません。**

本書では、何度か「過去問」について触れていきます。それは短時間勉強で受験に挑むうえで、過去問が「不可欠なツール」だと考えているからに他なりません。ですが、ただ闇雲に解くだけではあまり効果がありません。上手に活用してこその過去問です。

なお、本書における「過去問」は、予備校が刊行している「模擬テスト問題集」のようなものも含むものとします。

さて、初めて「過去問」に挑むのは、どのタイミングが良いでしょうか。

私は「その問題のレベルがかろうじてわかるようになったころ」をオススメします。何を問われているのかわからない段階では早すぎますし、ボーダーラインを狙えるようになってからでは遅すぎます。

社会人受験生の場合は、高校レベルの勉強は何十年か前に一度は通った道でしょう。一応、問題の意味はわかるはずです。どのくらい思い出せるのか試してみるのを兼ねて、勉強に着手する前にまずはセンター試験の過去問を解いてみてはいかがでしょうか。なお現役受験生の場合は、なんとなく全範囲の内容がわかってくる2年生の秋頃が良いのではないかと思っています。高校に入ってすぐ解いてみるのも無駄ではないでしょうが、聞いたこともない言葉だらけの状態では厳しいでしょう。本格的な受験勉強に入る前に、一度過去問を解いてみることを推奨します。

このとき、時間を制限する必要はあまりありません。3章で改めて書きますが、**毎回「本番のつもりで解く」必要はない**のです。過去問に限った話ではありませんが、そのつど目的を持って挑むべきです。

このタイミングで過去問を解く目的は「これから本格的な受験勉強をするにあたって、どの程度まで深く勉強／暗記しないといけないか」を把握することです。やたらと細かい年号を書かされたり、用語の書き取りをさせられたりといった試験であれば、これからの受験勉強では「徹底した暗記」が重要だとわかるでしょう。逆に用語そのものの意味ではなく、その背景を問うてくるような問題が主なのであれば、用語の暗記よりも理解のほうが重要になるでしょう。

これは東大入試に限った話ではありません。ビジネスでも勉強でも、何をやるにもまず「敵を知る」ことが大切です。**どのような勉強をすれば良いのか、どの程度まで深く覚えねばならないのかをつかむことで、余計な勉強をしなくて済む**でしょう。併願で他の大学を受験する場合にも、受験勉強の効率という面だけで見ると、なるべくその傾向が似通った大学・学部を選ぶのが良いと思います。

私は33歳で再勉強に着手する前に、まずセンター試験の過去問を解いてみました。地理を除いた受験科目は高校時代に一通りこなしていましたから、「どんな復習をするべきか」を測るために解いてみたのです。このときの得点は、1章でも書いたように443点でした。「センター試験では用語の暗記よりも理解が重要。ただし、地歴や化学では択一式でまぎらわしい選択肢から選ばせる問題があるので、キーとなる用語はある程度覚えねばならない」と感じたので、それをこのあとの学習に活かしていったのです。用語帳のようなものには手を出さず、教科書に沿って流れを教えてくれる参考書を選び、それをとにかく「読む」ことを軸とする――この時点で、私の学習方針はある程度定まりました。

二次試験の過去問初挑戦は、1年目の東大受験本番そのものでした。最初に述べたように1年目はギリギリでセンター試験の足切りを通過するレベルでしたから、二次試験の過去問は完全に後回しです。センター試験後も出張や子供の体調不良が続いた結果、本番前に過去問を解く余裕はありませんでした。当然ながら全く歯が立たず、合格まで36点足りないという結果に終わったのですが、過去問として得るものはありました。

「基本の学習方針はセンター試験と同じで良い」「この問われ方なら、もう少し頑張れば地理と日本史は点数を取れそう」「英語はどうしようもないかな」など、これからの受験勉強の方針がつかめたので、その後2年間の学習に役立てたのです。

「どの程度深く勉強すれば良いか」を把握していないと不安にかられ、重箱の隅をつつくような細かなことまで勉強することになってしまいます。〝敵〟を知ることで、ゴールまでの最短ルートが見えてくるものです。しかし、問題の難易度も理解できないような状態で過去問を解いても、問題の深さを把握することができません。ビジネスにおいても、新入社員のうちは「何をしているかすらよくわからない」ことが多く、自分のやるべきこと・できることは見えてきません。しかし、経験を積んで仕事の内容を理解できる段階になれば、おのずと自分の力量をふまえた効率のいい作業ができるようになります。「敵を知る」とは、そういうことだと考えます。

以上のことから、問題のレベルがわかるようになってきた頃、いわば初心者から初級者になったような段階で、最初の過去問に挑むことをオススメします。

point

「何を問われているか」がわかるレベルに達したタイミングで敵を分析し、攻略に必要な情報を得る

no.7

【自身の立ち位置を見極める】

見込みの無い「捨てる」部分をできるだけ小さく

「敵を知り己を知れば百戦して危うからず」と言います。過去問を解くことで敵を知りましたから、次は己を知ることが必要でしょう。自分の能力を知っておかないと、苦手を埋めていくか、それとも得意を伸ばしていくか、という戦略も立てようがありません。

ある程度勉強していれば、自分の得意・苦手は実感できているものです。**各科目、できれば各単元まで細かく分けて、「好き／嫌い」「高得点が取れている／取れていない」で分類してみましょう。**私の場合、例えば地理と日本史は「好きだけど高得点は取れていない」、国語の古文は「嫌いだけどそれなりに得点が取れている」、英語は「嫌いで得点も取れていない」、数学の確率・数列は「好きで高得点が取れている」といった具合でした。

	高得点	低得点
好き	「自信の足場」にできる分野	最も「伸び」が期待できる分野
嫌い	短時間勉強では手を付けない	伸びにくい分野だが細分化して「捨てる」部分を小さくする

自分の得意／苦手を分類して把握する

「好き・高得点」は、4章で後述する**「自信の足場」にできる分野**です。ここを中心に、得意な分野を広げていく足掛かりです。

「嫌い・高得点」は、これ以上得点を積み上げるのは難しいため、短時間受験では手を出さないのが良いでしょう。私の場合、国語には3年間ほとんど時間を掛けませんでした。

「好き・低得点」は、最も伸びが期待できる分野です。好きな科目なので息抜きがてら勉強しても苦になりませんし、点数も伸びやすいのでとても楽しいのです。私もこの3年間、ちょっとした時間に地理や日本史の参考書を読みました（これも勉強時間の計算に含んでいます）。

「嫌い・低得点」は、最も時間を取る割に伸びにくい分野だと思います。しかし、最初から諦める

のではなくもう少し細分化するべきでしょう。私は英語がこれに該当しましたが、勉強を進めていくうち、構文や単語の勉強、それとリスニングは確かに「嫌い」だけど、長文を読み解いたり英作文をしたりは少し楽しいこともある、と感じ始めました。それからは、苦手意識の少ない分野を中心に勉強をすることで、モチベーションを保つようにしました。

どうしても好きになれない分野は捨てるしかないのですが、**細分化して考えることで、捨てる部分を小さくした**のです。料理のようですね。本来は食べられるところまでなんとなく捨ててしまうと、身につけられたはずのものも身につかなくなります。1点が運命を分けるような試験の場合、この点をよく考えておくことには大きな意味があるはずです。

また、自分の「環境」の有利な点・不利な点も把握しておくべきでしょう。

私の環境の不利な点は、もちろん勉強時間があまり取れないことです。ひとりになれる時間、集中して勉強できる時間というのはほとんど取れません。しかし、この不利を把握していたからこそ、**「次に何時間か集中できる機会があったら、この英語の長文を読む練習をしよう」**「まとめて勉強したほうが身につきそうなベクトル分野は、次にまとまった時間が取れるときにやろう」などと計画を立てることができました。意識していなければ、たまに取れる空き時間を無為に過ごしてしまっていたかもしれません。

また、現役受験生や予備校生と比較すると、「授業を受けられないこと」も不利な環境でしょう。誰かに勉強を見てもらえないというのは、やる気の維持が困難になりがちです。私には予備校に通う時間はありませんでしたが、週に1時間、英会話教室に通って先生と話すことでモチベーションを保ちました。

社会人受験生に備わった有利な環境など無いように思えるかもしれませんが、「プレッシャーを感じなくて済むこと」は大きな利点です。現役の受験生にとって、本番で実力を発揮できるかどうかは大きな課題です。ここで受かるかどうかで、少なくとも次の1年の生活は大きく異なります。一方の社会人受験生は、受験に失敗しようとも今の生活が大きく変わるわけではありませんから、気楽に臨むことができます。苦手科目を捨てる、といった大胆な戦略も取りやすいのです。

ほかにも、経済的に自由度が高いことも武器です。参考書を適当に買って、自分に合うと思う1冊だけを使うといったことも、現役生に比べてやりやすいでしょう。色々な経験を積んできたことで勉強しなくても知っていることも少なくありませんし、まず日本語でのネタを考えるのが難しいことがある二次試験の英作文でも有利です。

こうして考えてみると、どのような環境にあろうとも、それぞれに有利と不利があります。**自らの力量と環境をよく考え、その中で何ができるかを見つける**ことこそ、重要なのではないでしょうか。

敵を知り己を知ったことで、「この調子で合格までたどり着けそうか」「足りないのは何か」といった現状と課題がはっきりと見えてきます。これで、いよいよ「攻略のための戦略」を考えるスタートラインに立つことができました。

point

自分の能力と環境の「有利／不利」を考えたうえで、目的までの正しい距離を認識する

1科目捨てても受かるのが東大だ

【万能タイプも一芸タイプもチャンス有り】

敵を知り己を知ったことで目的との距離が明確になってきたら、次は「どのように」そこにたどり着くかという戦略を考える段階です。

東大二次試験の場合、求められる解答レベルが高い分、ボーダーラインはかなり低くなっています。センター試験の得点を圧縮した110点分を含めて550点満点の試験ですが、私が受験した文科三類のボーダーラインは例年345点程度です。圧縮率が高いためほとんど差がつかないセンター試験配点分を除くと、440点満点のうち大体250点くらい取れれば合格ラインに届く計算です。得点比率でいえば57％程度。一般的なテストの感覚からすれば、非常に低い点数といえるでしょう。

これは、**「どこで点数を稼ぐか」の戦略自由度が高い**ことを意味します。図抜けて得意な科目があれば、他の科目の負担が非常に軽くなるのです。例えば仮に数学・理科を極めているような人が理系を受験するならば、その2科目で満点をとれば240点。ほぼ合格ラインです。また、外国語がネイティブレベルで理解できるなら、それだけで120点。あとの3科目、320点満点のうち4割取れれば良いわけです。社会人で東大を狙う人には、外国で仕事をされていた経験があって、外国語で得点を稼げるという方も多いようです。これは有利でしょう。

同じ社会人の私はといえば、外国語がネイティブレベルなどというのは到底縁のない話で、現役当時から一番苦手な科目でした。英会話教室に通ってセンター試験はこなせるようになりましたが、それでも二次試験には歯が立たず、とても点数を稼げる見込みはありませんでした。

そして何より、英語の勉強が苦痛だったのです。楽しくもなく得点も見込めないのでは、勉強効率が良いとは言えません。そこで前項で述べたように、英語の勉強の一部を切ってしまうことにしました。**他の科目を更に伸ばした方が、勉強時間に対するコストパフォーマンスが高いからです。**二次試験の外国語は目標得点を40点（3割ほど）にして、その分のノルマを他の科目に割り振ることにしました。

有志からの自己情報提供を集計しているサイト「UTaisaku-Web」によると、私が受験した年の文科三類合格者の二次試験平均得点は「国語68・8／120、数学33・9／80、地歴82・1／120、外国語78・9／120」だったそうです（3月12日時点）。対して私の最終得点は、「国語81、数学50、地歴84、外国語42」でした。「普通の東大生」に比べて圧倒的に低い英語力を、他の科目でカバーしたわけです。

東大の二次試験そのものには、科目別の足切りは設定されていません。合格ボーダーが低いので、どこで得点するかは各自の戦略次第です。それを考えるだけでも楽しいものです。

出題者側の視点から考えてみると、合格者には色々なタイプがいても構わないというスタンスだといえます。**「なんでもそれなりにこなせるユーティリティタイプ」でも「数か所に特化したスペシャリストタイプ」でも、一定基準以上をこなせる成績を残せる人を合格させたいという条件を、東大は受験者に課しているのです。**

東京大学のサイト内の「高等学校段階までの学習で身につけてほしいこと」には、「できるだけ多くのことを、できるだけ深く学んでほしい」とのメッセージがあります。もちろん、「多く」かつ「深く」が理想ではあるのでしょうが、この入学試験の条件は「多く」と「深く」が対等に扱われていて、メッセージにとてもよく沿ったものだと感じています。

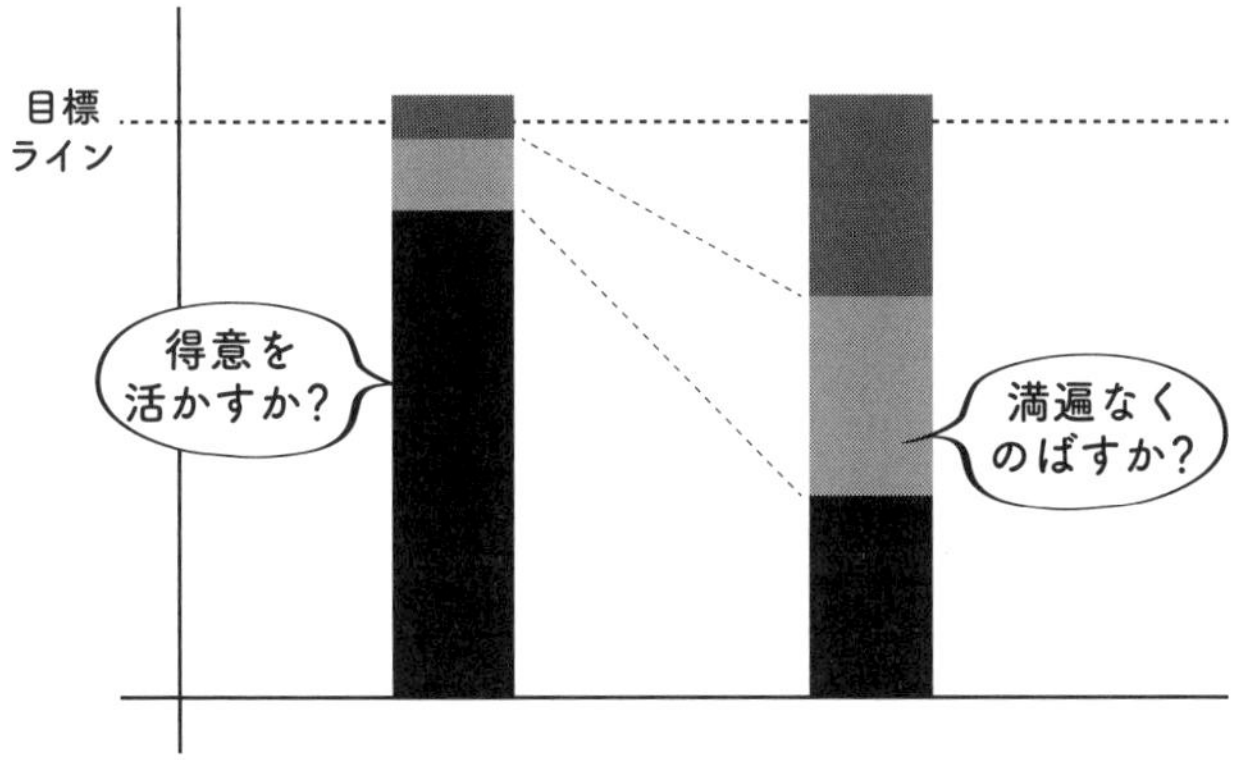

目標ラインまでどのように積み立てるかは自分次第

　ただ、入試制度の改革が進む中、今後の東大入試には変化も出てくるかもしれません。外国語の基礎的な能力を求めるといった表現は、入学者募集要項にも幾度か見られます。実際、2021年度入試の出願条件には「英語力に関する証明書」の提出がいったん追加されていました。国のシステム導入見送りを受けてこの条件追加も見送られましたが、将来改めて追加される可能性はあるでしょう。もっとも、この証明書で求められていた英語力のレベルはかなり低いので、よほど他科目に特化していた人でない限りは影響なさそうではあるのですが……。

　もしも将来の東大二次試験に「各科目で○点以下なら総合得点が良くても不合格」の条件が加わ

り、その条件では自分が合格できていなかったとするならば、それは「過去の試験の条件ではは合格させてしまったが、合格させるべきではなかった」という東大側からのメッセージと言えるでしょう。大学にそのような後悔をさせないよう、すでに合格を頂いた私も努力せねばなりません。

資格試験のみならず、業務や家事においても「合格レベルに達するまでの配分」の自由度が高いものはあるでしょう。自分の不得意をどのようにカバーしてクリアを目指すか、戦略は無限にあるはずです。

point

戦略自由度の高い問題は、自分の強みを活かすチャンス

no.9

【模試受験は意義を考えてから】

本当に模試を受けるのが最善か？

過去問とともに、受験生に付き物なのが模擬試験です。現役受験生であれば、高校で（時には強制的に）受ける機会も多いでしょう。大手予備校が毎年何度か開催しており、予備校に通っていない外部生も受験できるものが多いようです。社会人受験生がこれに参加するのはなかなかハードルが高いと思いますが、果たして受験すべきでしょうか。

私は、社会人受験生にとっては、模試を受けるメリットは低いと考えています。実際、私も一度も受験しませんでした。理由は大きく3点あります。

まずは、**時間的な制約**です。東大模試の中には1日で全科目を実施してくれるものもあるのですが、最初の科目の開始から最終科目の終了まで合わせると10時間程度拘束されます。

朝晩の移動時間、試験前の説明時間、更には申し込みに必要な時間などを考えると、相当な時間を費やすことになってしまいます。

1日平均1時間程度の勉強が精々の社会人受験生にとって、1回の模試で半月分くらいの時間を割いてしまうことになるわけです。しかも、各科目の前後には「何もできない待機時間」があります。これはもったいないと言わざるを得ません。**これだけのまとまった時間が取れるならば、むしろ自分の勉強に充《あ》てたいところです。**

次に、**答案返却までのタイムラグ**です。マークシート式のセンター試験と違い、東大二次試験の模試ではどうしても採点に時間がかかります。答案返却までのスピードを売りのひとつにしているような模試もありますが、それでも数日中とまではいかないようです。

人それぞれの心構えにもよるのでしょうが、10日も経ってから答案が返却されても、その解答を書いた当時の自分の考えをハッキリ思い出すのは難しいのではないでしょうか。**模試の当日中には自己採点をして、反省と今後の勉強方針を考えるべきでしょう。**そのうえで、採点答案と講評が戻ってきたら、問題用紙を引っ張り出して当日の考えを呼び起こしつつ振り返るべきです。それもせずに**「〇点取れた」「C判定だった」だけでは、新たに身につけたものは何もなく、受験に向けては前進していません。**

予備校が過去の模試をまとめている問題集がありますので、そちらのほうが効率的でしょう。1科目ごと、あるいは大問ひとつごとに、強い印象を持ったまま自己採点ができるからです。採点基準に関しても、問題集に掲載されているもので十分把握できました。個別指導が欲しければ、通信教育という手もあります。私も実は通信教育の東大コースに申し込み、教材が届いていたのですが、時間がとれずこれは未着手のままで終わってしまいました。

最後は、**自分の学習ペースとの不一致**です。模試を「本番のリハーサル」と位置付けるならば、模試に向けて学習を進めていかねば意味がありません。ですが、模試のメインシーズンは夏休み前後です。私の場合は、3年ともほとんど受験勉強に着手すらしてない時期でした。これでは、本番のリハーサルにはなりません。

そこで私が「本番のリハーサル」と位置付けたのは、1年目・2年目の東大二次試験本番そのものでした。センター試験から二次試験までのペース配分、調子の上げ方、当日の環境など、これ以上リアルに体験できるものはありません。季節も大事なところで、咳が出やすい時期ならではの苦労（リスニング時間に咳をこらえたり）、花粉症対策の必要性など、模試では気づくことができないところだったでしょう。

もちろん、模試のメリットも少なくはないでしょう。特にマークシートとは違い、筆記試験では「この解答で何点もらえるのか」という採点基準がわかりにくいものです。一人ひとりに向けた講評でそこを指摘してくれるのは、なかなか得難い機会でしょう。こうすれば点を取れていた、こんなことで失点してしまうのか、という気づきは大きな利益になり得ます。

周りがみんな真剣に受験しているので自分も刺激を受ける、という効果もあるかもしれません。本気で取り組んでこそ正確な時間配分がわかることもあるでしょう。模試の結果で自信を持ったり、今後の勉強方針を変えたりすることもあるかもしれません。

いずれにしても大事なのは、**貴重な時間を使って模試に挑むのであれば、きちんと目標を意識して受けること**です。また、それは他の手段で代用が利かないかを考えてみるのも大事でしょう。

point

膨大な時間がかかるものは、それに見合うだけの結果が得られるかを一度検討すべし。代用できる手段がないかということも考える

no.10

【取れない点の深追いは禁物！】

課題を細分化して、その中でのノルマを決める

模試を受けるにせよ、過去問を解くにせよ、何度かこなしていると自分がどの大問で何点取れそうかは把握できてくるものです。この段階にきたら、過去の合格最低点と比較して、あと何点取れば合格できるかを調べましょう。それを基に「頑張れば取れる」場所を探して、各科目・各大問のノルマ点数を決めます。それに必要な時間配分を考えれば、入試に必要な要素がだいぶ絞れてくるはずです。

「英作文に必要な基礎単語の知識が足りない」「中世の歴史の流れの認識が曖昧」「数学の計算スピードが遅い」など、不足している分野が見えてきて、学習効率が飛躍的にアップすることでしょう。また、**闇雲に最大点数を狙って冒険する必要がなくなるため、本番の得点の安定にも繋がります。**

前述のとおり文科三類の二次試験では、センター試験配点分を除いた440点満点の中で250点くらいが必要です。この250点を4科目それぞれに割り振っていくことになります。それは、**これからの限られた時間をどのように投資するか**、ということにも繋がります。

ノルマ点数は「一番上がり目の無い苦手科目」から考えるのが良いと思います。平均点まで引き上げねばならない、というわけではありません。「せめて何点なら取れそうか」を考えるのです。

私の場合は過去2回の受験の結果から、英語は全く歯が立たないと痛感していました。とはいえ、すべての問題で1点も取れないわけではありません。大問ごとに、どのくらい取りにいくかを考えました。

与えられたお題に対し自由に英作文をつくる「大問2のA」は、自分の知っている単語で構成すれば良いので、10点中7点を狙います。和訳問題の「大問1のA」と「大問4のB」、「大問5」の一部、それから英訳問題の「大問2のB」は、配点を40点として、半分の20点。5択のリスニングは、ある程度は絞れても自信をもって答えることはできないので、5分の1の6点。あとは択一式でわかるところを拾って、全部で120点中の40点は取ろう、と決めました。

こう決めたことで、英語の時間配分や解答方針も大体決まります。部分点が狙えないリスニングにはあまり時間を割きたくないので、リスニングの解答時間も半分は他の問題を考える時間に充てます。また、和訳や要約では初めから満点を狙わないため、「わかる部分だけを丁寧に訳す」ことで部分点を拾います。予備校のオープン模試の問題集によると「本文に書いていないことを解答に入れてしまうと減点」という採点方針もあったため、**無理にノルマ以上の点数は狙わない**のです。

苦手の英語でノルマを低く設定する分、他の科目では高得点を取らねばなりません。各科目でどの程度まで頑張れそうかを考えてみたところ、私が合格に至るためのノルマは、「国語80／120、数学50／80、地歴80／120、英語40／120」となりました。地歴は勉強が楽しいので無理がききますし、ブランクによる不利が出にくい国語は解答の作り方に慣れさえすれば安定して高得点が取れるでしょう。数学は計算ミスなどでの得点ブレが大きいので、高すぎるノルマを設定するのは危険と判断していました。

結果は先述のとおり、「国語81、数学50、地歴84、英語42」。ほとんど狙い通りの点数だったのです！　実は英語は少し冒険してリスニングの点を真正面から取りにいっており、結果オーライという感じではあったのですが。この年はボーダーラインが低く、かなり余裕をもっての合格となりました。

ちなみにセンター試験でも同様で、私は「足切りを確実に回避するために、760点をノルマにする」と考えて挑み、785点の得点でした。センター試験で80点余計にとれば二次試験のノルマが10点ほど下がるのですが、このためにセンター試験対策を頑張るのはコストパフォーマンスが悪いと考え、そこまで重視はしませんでした。

一次試験でリスニングが課されるようになるなど、今後の入試制度改革の中で変化は出てくることでしょう。**たとえボーダーラインの見当がつかなかったとしても、自分の得点を安定させる方法として、科目・大問ごとのノルマ点数を設定する方法は有効ではないでしょうか。**目標数値があいまいなままでは、最善の行動もとりづらくなってしまいます。

point

目標達成に必要な数値・ノルマを細かく設定することで「効率的な作業」と「安定した結果」につながる

（注）東京大学は二次試験の配点等を一切公開していません。本書における採点基準などに関する記述は、予備校刊行の模試問題集や著者の経験から推測したものです。

no.11

【英語以外の外国語も選択可能】

どうせ英語で点が取れないのなら……

この項は、私が実践したものではありません。現時点では「推測」で語っていることをあらかじめお断りしておきます。

東大二次試験は、文系・理系ともに、外国語が大きな比重を占めます。二次試験の配点440点のうち120点が外国語です。〝攻略サイト〟を巡っていると、「英語は得点源」「リスニングは得点源」などと書かれていることが多いのですが、私にとってはここが一番のネックでした。受験勉強の中で唯一塾（英会話教室）に通い、学習時間の半分以上を割いたにもかかわらず、とにかく得点が伸びないのです。センター英語レベルは何とか戦えても、二次試験の英語は天敵でした。

それで前述のように英語のノルマは40点（全体の3分の1）にして、他の科目で稼がざるを得なかったのです。現役時代から感じていたことではありますが、他の科目の学習時間・成果と比較して客観的にみると、私の英語の学習センスが低いのは間違いないでしょう。

ここで考えたのが、**「英語以外の外国語で受験する」という手**です。東大二次外国語は、英語以外にも、ドイツ語・フランス語・中国語を選択することができます。また英語を選択した場合は、5つの大問のうちの最後の2つを別の外国語に差し替えることができるのです。差し替え対象は、ドイツ語・フランス語・中国語に、韓国朝鮮語が加わります。

私が視野に入れていたのは、5問すべてを差し替えるのではなく、2つの大問を韓国朝鮮語に差し替えるという手段でした。大学時代に第二外国語で選択したことがあり、内容はほとんど忘れてしまったもののかろうじてハングルを読むことはできるため、学習しやすいと感じたのです。大学生当時、助詞をはじめ日本語と語順が一致していることや、漢字熟語をハングルに置き換えた単語が多いために「割と理解しやすい」と思っていた記憶もありました。少なくとも英語よりは私に向いている外国語だと思います。

そして何より、「二次試験が英語より簡単そうに見える」のが最大の理由です。2020年度の韓国朝鮮語の大問4は、10行の文章を日本語に訳す問題でした。大問5を見ると、「下線部を過去形に直しなさい。」「下線部を主語にして同じ意味の文に書き換えなさい。」(主語が親友、目的語が私。下線部は「私」に引かれているので、受動態にせよということ）などの小問8つが並んでいます。

「これが英語の問題だとしたら」非常に簡単に解けそうです。**もちろん訳せない単語は出てくるでしょうが、少なくとも部分点はもらえそうです**。私の実力では、どうせ英語の大問4・5では10点程度しか取れないのですから、思い切ってこちらを狙うのは悪くありません。

問題文の長さが短いのもポイントでした。英語の大問4・5は合わせて7ページ、ぎっしりと書かれているのに対し、ほか4言語の大問4・5は、それぞれ合わせて2ページです。外国語の試験は時間との戦い（120分しかなく、うち30分はリスニング）なので、これは助かります。

結局英語で受験したのですが、私が外国語変更に踏み切れなかった理由は、「学習の一歩目を面倒くさがって踏み出さないうちに、残り期間が少なくなってしまったから」の一点に尽きます。次に受験する機会があるなら、必ず挑戦したいと考えています。英語で80点くらい取れるなら別ですが、私と同様に英語で苦しんでいるならば、気分転換がてら2つ目の外国語を学んでみてはいかがでしょうか。どうせ大学に入ったら勉強することになるので、その先取りにもなりそうです。

一方で、外国語変更のネックになるのは、**過去問が手に入りにくいこと**だと思います。どうやら、大学の広報センターで最新年度分は見られるようですが、採点基準などは知るすべが無いでしょう。また、（一部変更を含めて）英語以外の外国語で二次試験を受験し、入学後に英語を「既習外国語」として履修する場合、入学前にもう一度英語のテストを受ける必要があるようです（習熟度によるグループ分けのため）。社会人受験生にとっては「諸手続きのために入学前に取られる時間」もなかなか痛いところですから、このテストもネックになってくるかもしれません。

point

自分の苦手分野が目標達成の障壁になっている場合、代わりになる手段がほかにあるかもしれないと考える

第3章

時間を最大限に活かすための「勉強習慣の作り方」

no.12

【学習時間を制限せよ！】

勉強は1日〇時間まで！

この章では、受験に向けた地味な日々、毎日の受験勉強について述べていきます。私が「社会人受験生」として意識していたことや、いま思えばこうするべきだった、と感じたことを、少しずつ振り返ってみたいと思います。

振り返るうちに感じたのは、「受験勉強のための」と言いながら、日々の仕事と重なる部分が少なくないという点です。毎日降り積もっていく業務をどのようにこなしていくかという視点でも、参考になる部分があれば幸いです。

本業＋αで何かの試験に挑む場合、多くの方は「1日最低〇時間は勉強する」と心に決めて臨むのではないでしょうか。しかし、**この考え方では、本業との優先順位が逆になってしし**

まっているようにも思います。

1章で述べたように、仕事が忙しくなかった1年目は私もあまり時間を気にせず勉強することができていました。ですが、2年目・3年目の多忙な時期に入ってくると、勉強に時間を割きすぎるわけにもいかず、かといって意識しておかないと勉強をせずに休んでしまいたくなる、という仕事と勉強のバランスをとるのが難しい状態になっていました。

その時期において私が設定した時間意識は、

「勉強は1日1時間まで！」

というものです。勉強時間の下限ではなく、上限を設定したのです。勉強で夜更かしして仕事を休むわけにはいきません。家事も育児もありますから、自分だけのんびり勉強をしているわけにもいきません。また、ゲームプランナーという職業ですから、ゲームをサボって勉強ばかりするのは仕事に悪影響が出るでしょう（多くの受験生とは真逆かもしれません）。

もっとも、これをかたくなに毎日守ったわけではありません。その日その日の状況に応じてフレキシブルに行動するのですが、基本意識としてこの制限を設定しました。

この「上限制限」の意識は、むしろ効率的な勉強に一役買いました。

自分に足りない点がわかっているのに、1時間しか勉強できない――そうなると、時間を

目いっぱい使って、効率的に勉強しようという気になるのです。1時間しか遊べないというときと同じように、1分でも無駄にするのが勿体ないと感じるようになりました。その結果、漫然と勉強していた学生時代に比べて、時間当たりの成果が圧倒的に高くなりました。

受験を終えたいま振り返ると、たとえ「勉強がメインタスクの現役受験生」であったとしても、勉強時間は「上限時間設定」が有効だと思うようになりました。

普段の勉強を振り返ってみてください。「今日は最低5時間勉強しよう！」と意気込んだ日、5時間を超えて勉強することはあまりありませんよね？　5時間経ったら、「ふ～、終わったぁ！」となるはずです。しかも、途中に何度か休憩を挟み、早く時間が過ぎないかなと時計を見ながら。

逆に「今日は最長5時間しか勉強してはいけない！」と決めて勉強しても、勉強時間は変わらず5時間になるのです。限られた時間の中で、手順を考え、優先度を決めて、効率的に勉強することになるでしょう。

ただし、**この制限を有効的にするには、「勉強した先に良いことが待っている」「目標のためには勉強しなければならないことがわかっている」状態であることが必要です。**そうでなければ、時間を効率的に使おうという気持ちにはならず、かえって逆効果になるかもしれません。

考えてみれば、受験本番も同じです。「最低2時間解きなさい！」なんてテストはありません。「解答時間は2時間しかありません！」なのです。この勉強法は、効率的に時間配分をする点において、受験本番の練習になるといえるかもしれません。

これはなにも受験に限った話ではなく、**時間は限られた資源です**。1回の授業は50分しかありません。高校生活は3年間しかありません。24時間働き続けていては、身体が壊れてしまいます。

「ゲームは○時間まで！」とともに、「勉強は○時間まで！」という意識づけは、限られた時間を一生懸命にうまく使う習慣を身につける第一歩として好適。そのように私は考えます。

point

使える時間の上限を決めることで、限られた時間を「いかに効率的に使うか」という意識につながる

no.13

【勉強のときはスマホをOFFに】

見えている落とし穴は最初に埋めろ！

これは古い考え方と言われるかもしれません。スマホで学習アプリなどを活用して勉強している人も少なからずいるでしょう。そういった方は、「その目的以外にスマホを使わない」と読み替えてください。

よほど意志が強い人は別かもしれませんが、私のように怠け癖のある性格の場合、勉強している環境のそばにスマホがあると勉強効率が下がってしまいます。「ちょっと休憩」のつもりでスマホに手を出すとそのまま休憩が長引いてしまったり、勉強再開後もふとした拍子にスマホに目をやってしまったり——という方が多いのではないでしょうか。**集中を妨げることがわかっているスマホをそばに置いたまま勉強を始めるのは、落とし穴が見えている道**

にあえて突っ込んでいくようなものです。

「ちょっと休憩するため」にスマホを使うなら、別の部屋に置いておくことをオススメします。それも、家族のだれかの前を通らないといけない場所に、です。別に監視されているわけでなくても、自分の中の罪悪感から、たびたびスマホを取りに行くことは無くなるでしょう。

「いや、わからない言葉や、気になる用語が出てきたときに検索するために必要なんだ」という方もいらっしゃるでしょう。しかし、それでもスマホを身近に置くのは危険だと思います。調べているうちに、また興味を惹かれる言葉が出てきて——と、本筋から逸れてしまうからです。

私の場合、日本史や地理の参考書を読んでいると、その人物についてどんどん調べたくなってしまい、気づいたら時間が無くなってしまっていることがありました。その調べものが一段落すると、ついつい将棋アプリを立ち上げてしまい、「もう1局……」が止まらなくなることも。

勉強中に調べたいことが出てきたら、**ノートの片隅に書き留めておいて、勉強時間が終わってからじっくり検索する**ことをオススメします。良い感じの復習にもなりますし、書き留めたワードは将来ノートを見返す際にも目に入るので、何がわからなかったかを思い返すのに

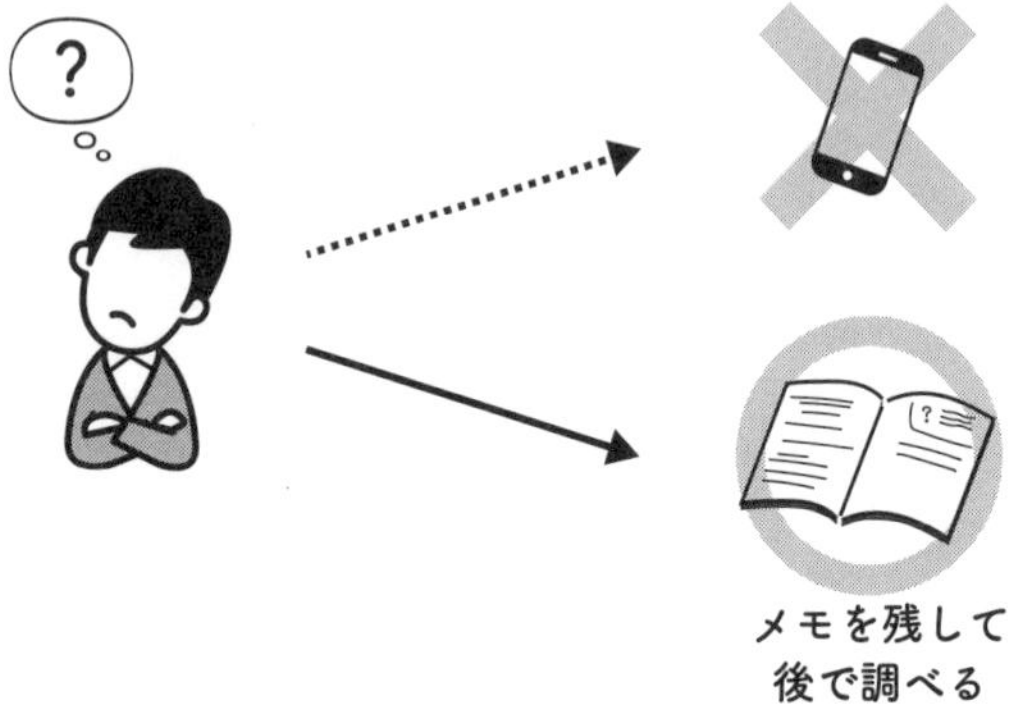

誘惑になりそうなものは勉強後にとっておく

も役立ちます。ノートについてはP90でも触れますので、そちらも参照してみてください。

ところで、勉強に集中するコツは、「勉強を面白がること」だと私は思っています。数学の問題がパズルのように解けたときの「ああ、そういうことなんだ！」という気持ち良さ、日本史で不意に出てくる「よく知っている場所」で起こった意外な過去、国語や英語で出題された長文の話自体の面白さ……。勉強には「面白いこと」が山のように埋もれています。

単なる暗記事実として読み飛ばすのではなく、**「しっかり感動する」ことで、頭にはっきり残りやすくなります。**私はこれを勝手に**「感動力」**と名付け、時折仕事の後輩へのアドバイスに使っています。データを単なる数字として処理していくのではなくその意味や法則性を考えると、思わぬアイデアが浮かぶこともあります。目の前のものを面白がって向き合うことで、今までになかった角度からの発見があることでしょう。

勉強は面白いものだ、ということを認識しましょう。そして「それより面白そうな誘惑」は、一旦遠ざけておきましょう。手近にある「一番面白いもの」が勉強になれば、自然と集中できる環境になるはずです。

point

最適な作業環境をつくるべし。勉強より面白そうな誘惑は近くに置かないこと

no.14

【その計画、本当に実行できますか？】

目標を立てるべき時と計画を立てるべき時

一年の計は元旦にあり、といいます。「何事も初めにきちんとした計画を立てるべき」という教えです。これに従って、お正月に一年の学習計画を立てる方も少なくないでしょう。さて、その計画をやり遂げた方はどれだけいるでしょうか。

やり遂げられる方は立派です。相当強い意志を持っているか、計画を立てる能力が優れているのだと思います。普通の人、少なくとも私は、三日坊主に終わるに違いありません。「明日から始めればいいや」となっているうちにとても挽回できないスケジュールになって、計画をすべて諦める羽目になるのです。

人間のやる気には波があります。「よし、やるぞ！」というときもあれば、「なんだか気分が乗らないな……」とサボりたいときもあるでしょう。お正月は、最もやる気に満ちている時期のひとつ。しかも冬休み中で、時間もたくさんあります。そんなときに立てる学習計画は、理想にあふれた、しかし困難なものになってしまいがちです。「どんな障壁も乗り越えて見せる！」という意気込みで立てる計画なのですから、当然です。

やる気は不変のものではありません。**計画を立てたときには出来そうなことでも、やる気が落ちてくると、高すぎるハードルに変身してしまう**のです。

これは仕事でも同じことで、一番気分が乗っているときに「任せてください！　それもこれも私が仕上げます！」と引き受けると、あとで後悔することがしばしば。これを何度も経験した私は、少し気分が乗らないタイミングで、仕事のスケジュールを立てるようにしています。

では、気分が乗っているときには何をすれば良いのでしょうか。

私がたどり着いた答えがひとつあります。**「計画」ではなく、「目標」を立てるのです。**

例えば、「東大を目指そう」というのが「目標」です。これは気落ちしているときにはなかなか立てられないものです。

そのうえで、「毎日○個の単語を覚えよう」「毎朝起きたらジョギングで体を整えよう」といった**「計画」は、自分の気持ちが落ち着いているな、と感じるときに立てます。**この2つの組み合わせで、無理なく自分を高めていくことができるでしょう。

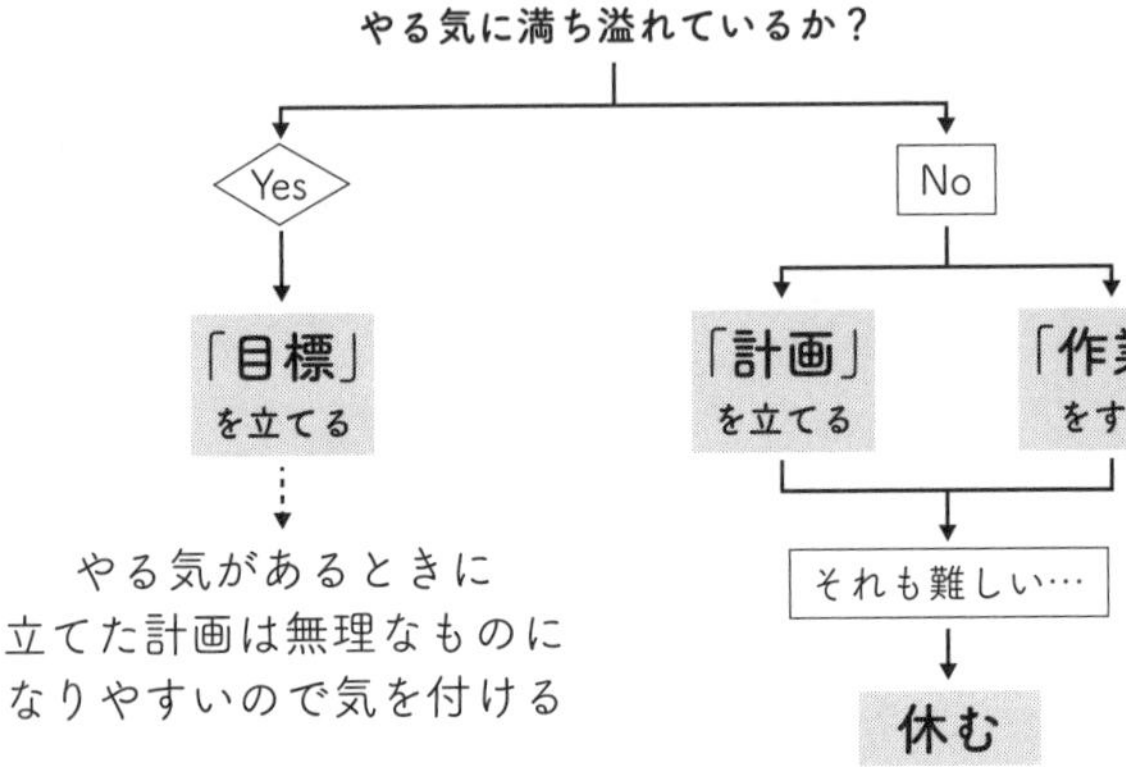

やる気に満ち溢れているか？
Yes
No
「目標」を立てる
「計画」を立てる
「作業」をする
やる気があるときに立てた計画は無理なものになりやすいので気を付ける
それも難しい…
休む

気分が乗らないときにすることを決めておく

とはいえ、気分が乗らないときをいつも「計画」を立てることに使うわけにはいきません。気分が乗らないときを効果的に乗り切るために、私が心掛けていることを紹介したいと思います。

ひとつは、**「新しいこと・考えること」をせず、「単純作業を繰り返す時間」に充てる**ことです。

ゲームプランナーの仕事でいえば、気落ちしているときに新しい企画を考えてもロクなアイディアが浮かばずに時間を無駄にしてしまうので、こういうときのために「ちょっと考えながらひたすら手を動かす仕事」を確保しておき、その時間に充てるのです。例えばゲームデータの作成などがそれにあたります。勉強でいえば、「問題集を解く」などがそれにあたるでしょう。

そしてもうひとつは、**休んでしまう**ことです。「今日は会社にいても一人前の仕事ができないな」と思ったら、最低限の作業や指示だけこなして、半休を取ってしまうのです。やる気がないときに、「明日でも良い」仕事や勉強をするのは無駄だと思います。思い切って休みを取って、ON／OFFをきっちり切り替えましょう。

point

「目標」は気分が乗っているときに、「計画」は冷静に考えられるときに立てよう

no.15

【早めに終わったら気兼ねなく遊べ！】

予定は1週間単位で組む

学習計画に限らず、何かの計画を立てるときに、細かいスパンでの計画を立ててしまって失敗した経験はないでしょうか。

「毎日問題集を5ページ解く」「毎朝5キロ走る」といった具合に「毎日のノルマ」を作ってしまうと、疲れた日などにどうしても予定をこなせず、翌日のノルマがかさんで、それを繰り返すうちにやる気がなくなってしまうというパターンです。

一方で、例えば「今月1カ月でこの問題集を終わらせる」など1カ月単位で予定を立てると、今度は「まだ余裕がある」と感じてしまい、こなせないほどの量が終盤に残ってしまって、結局達成できずじまいになりがちです。

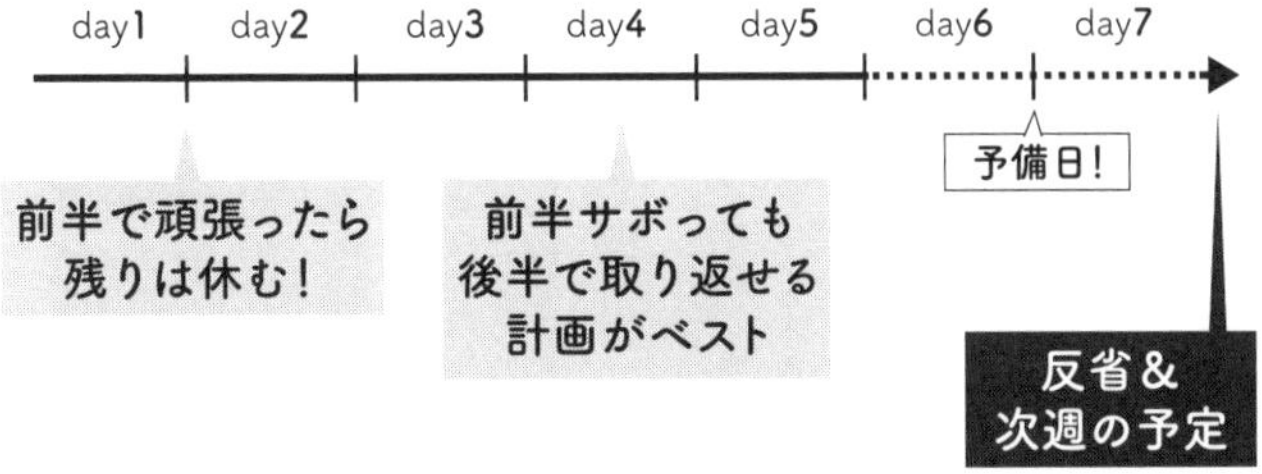
day1
day2
day3
day4
day5
day6
day7
予備日！
前半で頑張ったら
残りは休む！
前半サボっても
後半で取り返せる
計画がベスト
反省＆
次週の予定

予定は「1週間＝5日」で考える

私は、**予定は1週間単位で立てるのが良い**と考えています。「明日はここまでやる」「毎日これだけやる」よりも、「来週はここまでやる」「毎週これだけやる」という予定の立て方のほうが、無理なく予定をこなすには適しています。また、週単位で予定を立てることで、かえって長期の視線で必要なことを計画的にこなしていくことができ、大目標の達成にもつながると思います。

ここでの「1週間」は、「7日間」ではなく「5日間」だと考えましょう。予定外の作業が入るのはつきもの。予定には余裕を持っておかないと、「予定通りにこなせない」ストレスに押しつぶされてしまいます。5日分程度の勉強を「来週の予定」としてスケジュールすることをオススメします。

私が実際に立てた予定の例を挙げると、「来週1週間で、過去問1年分を解く」といったものでした。月曜・火曜で頑張れたなら、週の後半は「自分へのご褒美」として、何の心理的な負担も感じずにラクをすることができます。平日が忙しければ、土・日だけでも頑張って挽回できる量です。この程度であればキツすぎず緩すぎずで、勉強とうまく付き合っていけると考えたのです。

「1週間単位で考える」のは、仕事をするうえでも比較的一般的な考え方といえるのではないでしょうか。1週間分の予定を立てて振り返り、「週報」という形で報告している方も少なくないでしょう。差し込みの仕事などもある以上、1日単位で進捗を厳密に管理するのはかえって非効率。かといって長期すぎるスパンで管理すると、取り返しのつかない遅れが生じたり、余裕があり過ぎるのに改善しなかったり、といった問題が発生するでしょう。**1週間単位で予定を立てて反省することで、最適な効率とモチベーションを保つことができるのだと思います。**

かくいう私も、この本の原稿自体、1週間単位で締め切りを管理して頂いています。毎週月曜日に1週間分の原稿を提出して訂正点のご指摘などを頂きながら、次の月曜日にどこまでの原稿を書くかをご相談し、その繰り返しで少しずつ前に進んでいるのです。私はこれが初めての執筆経験。1週間単位で管理することで順調に書き進められましたが、もしもこれが1日単位や1カ月単位だったなら、こうはいかなかったのではないかと思っています。

予定は中期で立てること。自分にとってラクすぎず、詰め込みすぎない作業量にすること。予備日を組み込んでおくこと。

これらを心掛けることで、オーバーヒートすることなく、また途中で投げ出すことなく、続けていくことができるようになると考えます。

point

作業計画は中期的に立てて、週ごとに見直す。無理があったり、反対にラクすぎるものは非効率！

no.16

【自分が先生ならどう教えるか?】

授業時間を受け身のままで終わらせない

社会人受験生にとって高校生や予備校生が羨ましいのは、授業を受けられることです。1日5時間、月間20日間として、月に100時間は自動的に勉強できる機会が確約されているわけです。もちろん、我々も数十年前に受けていたのですが……。

社会人になってからも、会社が先生を招聘《しょうへい》して行ってくれるビジネス研修などの授業を受ける機会はあります。先生は、大勢の受講生を相手に話すわけですから、受講生の誰にでもわかるように丁寧に講義をしてくださることが多くなります。

すると、個々の受講生にとっては、「そんな簡単なことを丁寧に話していないで先に進んでほしい」と感じることもあるわけです。これは、学校や予備校の授業でも同様でしょう。

こんなときに私は、**授業内容を応用した問題を自分で考えて解いたり、授業で教わった手**

法を全く別の種類の業務にあてはめてみて、なにか面白い発見が無いかを考えたりしています。これは受験勉強の授業でも同じことで、「自分で考えた応用問題」を考えてみることによって、「なぜそうなるのか」「どう役立てるのか」がわかり、授業で教わる内容の使い方のコツをつかめます。すると、**あとでわざわざ復習する時間を省略できることにつながります。**せっかく時間を使って授業を受けているのですから、できる限りその場で終わらせておきたいものです。

もっとも、「授業をしっかり聞きながら」というのは大前提です。聞き逃したところを巻き戻して見直すことができるビデオ授業ならともかく、生の授業では「聞いていなかったから今のところをもう一度」というわけにはいきません。あとから質問するときのためにも、授業で話されていることを耳に入れておくのは必要です。きちんと聞いていないと、指名されたときに的を射た答えを出すことができず、クラス全体にも迷惑をかけてしまうかもしれません。

また「先生に気持ち良く話してもらうこと」も、自分の利益に大いに繋がります。気持ち良く話すことができれば、先生も授業の準備に張り合いが出るというもの。**先生の能力を引き出すことができ、聞き手にとっては同じ時間で理解が深まるお得な授業になります。**

そのために必要なのは、話を聞いていることを話し手にわからせることです。時々話し手と目線を合わせてうなづいたり、首をかしげたりして、わかっているかどうかを軽く伝えるのが良いでしょう。

会議にしてもプレゼンにしても、自分が話しているときに聞き手が無反応だと、不安になって楽しく話せません。昨今の感染症対策でオンライン会議が格段に増えましたが、初めのうちはカメラを切って話していたのを、今ではお互いカメラをONにして話している、という方は少なくないのではないでしょうか。私の業務では、会議はカメラをOFFにしているものもありますが、社内講座などはカメラをONにするように指示されることが多くなりました。聞き手の反応が読めないと、どこを重点的に話すべきかを教え手がつかめないだけでなく、不安になって話しづらくなってしまうからでしょう。

「聞きながら別のことを考える」というのは難しいように思われそうですが、やってみると案外できるものです。深いところを考えながら授業を受けるので、かえって授業への集中は高まりますし、理解度も段違いに深まります。

時には、「何を言っているかさっぱりわからない」「先生の教え方が下手なんじゃないか」

と感じるような授業もあるかもしれません。**授業に不満があるなら、「自分ならこう教えるのに」を考えてみるべきです**。きっと周りのみんなもわかっていないのですから、あとで自分が友達に教えてあげるつもりになって、授業の内容を考えましょう。聴くだけだと無責任になんでも言えますが、教えるとなると付け焼刃ではいかないので、その分野の本当の意味、価値をつかまねばなりません。人に教えるにはどうすれば良いかを考えることで、授業の効果を高められます。

授業を受けられるのは恵まれている環境である、ということを認識しましょう。漫然と授業を受けるだけでなく、その授業の要旨は何なのか、それはどう役立てることができるのかを自ら考え、ときには先生に質問することで、しっかりと知識を獲得しましょう。

point

教えを受けられる時間と機会は貴重なもの。どうすれば自分にとって最大の効果を得られるのか、常に考えるべし

no.17

【ノートの取り方】

ノートを取るときは考えず、まとめるときに考える

授業中のノートの取り方は、人それぞれセオリーがあるものでしょう。ノートは人に見せるためのものではなく、**自分が後から思い出せるようにするためのものですから、その目的さえ果たせるならば何でも良いと思います。**極端な話、理解したいところさえ外さなければ、ノートには正しくない情報が記されていても問題ないはずです。つながりの無い歴史上の事実2つを結びつけるために、「この人はこう考えた!」などとオリジナルストーリーを書き足したりしても面白いでしょう。

高校時代の私を振り返ってみると、高校生活の前半は「ノートを持っていない生徒」でした。もちろん、計算などのためには使いますから、物理的な「ノート」は持っています。しかし、授業内容の記録としての使い方は、あまりしていなかったと記憶しています。テスト前にノー

トを見直す習慣がついていなかったので、ノートを取ったところでどうせ無駄だと思っていたのです。授業で説明されたことはその場で理解すれば良いと考えていました。時折「きれいなノート」を取ろうとしたことはありますが、いつも長続きしませんでした。

短期的には問題が無かったのですが、少しブランクが空いてから思い返そうとしたとき、困ったことになりました。そのときに何を考えていたか、どういう教え方をしてもらったか、ノートが無いので思い出せなくなったのです。その後は板書を中心にノートを取っていたのだと思いますが、あまり活かすことなく高校生活は終わりました。

改めて受験をするにあたって、もう一度高校の授業を受けられるとしたらどういうノートを取るだろう、と漠然と考えていました。そこでの考えをまとめたものを、サンプルとして紹介したいと思います。この考え方を会社でのノートなどに転用してみていますが、いまのところなかなか良い感じです。

授業に持参するノートや受験勉強に使うノートといえば、横線がたくさん引かれたキャンパスノートが一般的でしょう。行幅の好みは人それぞれでしょうが、私はB罫35行のものをよく買います。

新しいページを使うとき、**上から5行・下から5行のところに線を引きます。上5行・中25行・下5行で、それぞれ異なる使い方をする**のです。

いわゆる「ノートを取る」のは、中25行です。情報の整理などはあまり気にせず、必要と思ったメモをどんどん連ねていきます。途中計算や練習問題も、見栄えは二の次で書き殴ります。**ここは、いわば「下書き」のエリア。**まとめ方を考えながら書くのは非効率です。いわゆる「きれいなノート」を取ろうとして失敗するのは、授業が終わっていない段階、全貌が見えていない段階で、全体をまとめようと気が散っているからだと思います。

「これはあとで調べたいな」「よくわからなかったな」という言葉や、「この公式はあとで覚えなおさなきゃ！」という要復習事項が出てきたときには、**上5行のスペースにキーワードとしてメモします。**最初、私はこれを「上の5行」ではなく「ノート上部の余白」でやっていましたが、余白が狭すぎて窮屈になることもあり、そもそもノート全体の圧迫感が強すぎるため、ちょっとぜいたくに5行使うことにしました。

下の5行は、その授業（あるいは単元、会議など）がすべて終わってから、「要するに」というまとめを書くために使います。ノートに記したことを一言でまとめた要約です。要約に関しては、4章でも述べます。上5行・下5行からは、中25行に向けて適宜カラーラインな

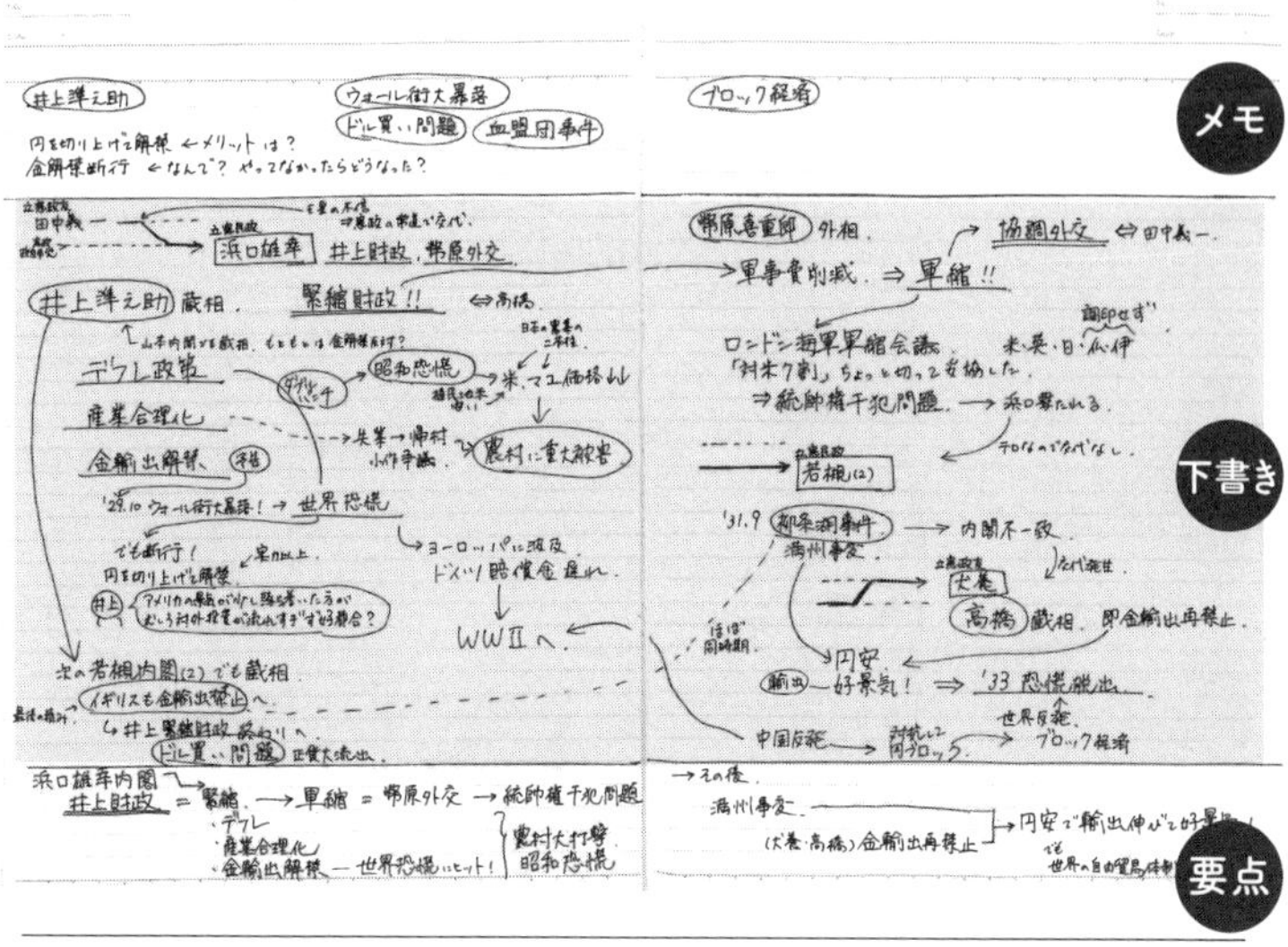

上段に考えのメモ、中段は下書き、下段に要点まとめ

どを引いても良いでしょう。

ノートを取り終わったあとは、上5行にメモしたことを調べるなどの行動をとります。メモしておかないと「あれ？　何か調べようと思っていたのだけど……」と忘れてしまいますし、ノート本文の中に書いては埋もれてしまうでしょう。

あとからノートを見直すときは、下5行だけを主に読めば事足ります。時には「要約だけではなぜこうなるのか思い出せない」こともあるでしょうが、そんな場合にもこのノートの取り方であれば、すぐ上に授業の流れが記されているため思い出しやすくなるはずです。授業ノートとまとめノートを別に作るよりも効率的だと思います。

ノートを取るときは考えることを少なくし、ノートをまとめるときは書くことを少なく。

これが「目の前の授業に集中しながら、後から思い出しやすくなるノートを作る」コツだと考えます。皆さまのノートの取り方に取り入れられるところがあれば、参考にして頂けると光栄です。

point

ノートは自分が後から思い出しやすくするためのもの。書くときはあまり考えず、まとめ欄を作る

no.18

【塾の真価は〝自分を見てくれる人〟ができること】

継続のカギは「7日以内」にあり

受験勉強は長期戦ですから、「いかに継続するか」というのも大きな課題になってきます。既に述べた通り、やる気が落ち気味のときには離れることも必要なのですが、習慣から離れすぎてしまうと戻るのが辛くなってしまうのです。

その限度は7日間だと思います。世間の中年諸氏の習いに漏れず、私は「ジョギングを日課にしよう」と考えることが年に数回あります。そこから数日は続くのですが、忙しい時期や疲れた時期に7日間離れてしまうと、再開するのが億劫《おっくう》になり、いつしか習慣には戻れなくなってしまいます。

ジョギングの経験から、**「継続のカギは、習慣から7日間離れられない環境を作ること」**だと感じていた私は、受験勉強を始めるにあたり、英会話教室に通うことにしました。本当は受験対策の個人塾などに通いたかったのですが、自宅から通える距離や通えそうな時間では見つけられなかったのです。

英会話教室では、少人数のＴＯＥＩＣ対策講座と音読講座、あわせて週２コマ受講しました。受験勉強１年目に半年と、３年目に半年です。ＴＯＥＩＣ対策講座は私のほかにもう１人しか受講生が居らず、しかも途中からは私１人になりました。こうなると、「お休みします」と連絡を入れるのも勇気が要ります。授業で指名されるのは、すべての問題で私。授業への取り組みが真剣になったのはもちろん、予習・復習にも自然と力が入りました。

結果、５００点台だったＴＯＥＩＣのスコアも７４０点に。しかも、ＴＯＥＩＣのレベルがセンター試験にピッタリで、６割程度だったセンター英語でも95％前後の得点を安定してマークできるようになってきたのです。

教室に通った経験が無ければ、二次試験の長文を読む体力も身につかなかったでしょう。駅前にあるこの英会話教室は、まぎれもなく私の「出身予備校」です。

個人塾や家庭教師は、そこでの勉強そのものだけでなく、「定期的な学習習慣づくり」の機会としての役割が非常に大きいのです。ですから、「自分にピッタリ合うと感じるもの」が無くても、近いものがあれば、受講してみることをオススメします。

また、学校の先生に相談に行くときも、先生のご迷惑にならない範囲で「来週のこの時間までに勉強してきます。また見ていただけますか」などとアポを取り、自分が行動せざるを得ないような環境をつくるべきです。1対1で見てもらえる機会を逃す手はありません。

「自分を見てくれる人」を作るのが大事なのですから、先生に限る必要はありません。私は最近になって、会社の同僚十数人が入っているLINEのグループに参加しました。「これから筋トレします」「これからジョギングします」「終わりました！」などと報告し、それを見た人が「おつかれさま」スタンプを送るだけのグループです。みんなで集まって何かをするわけではありませんが、この報告をするだけでも「定期的に運動しよう」という気持ちになります。

もしも身近に、あるいはインターネットなどのつながりで、同じような目標をもっている人がいるのならば、報告しあうだけのグループをつくってみてはいかがでしょうか。

point

習慣を継続するためには、7日以上離れないこと。環境を最大限に利用してモチベーションを維持しよう

no.19

【クエストをこなした先にゲームクリアがある！】

勉強をクエスト化しよう

日頃の勉強は、**「意味」「目的」「報酬」**を明確にすべきです。

この勉強は、最終目標である「東大合格」になぜ役立つのかが「意味」。

この時間は、何ができれば「勉強した」と言えるのかが「目的」。

この勉強を達成したら何をもらえるのかが「報酬」です。

この手法は、ゲームの「クエスト」とよく似ています。多くのゲームには「クエスト」と呼ばれるプレイヤーがこなすべき課題がありますが、提示される小目標を達成すると報酬がもらえ、それをこなしていくうちに最終目標に近づいていくのです。

「クエスト」の役割は、大きく2つあります。何をやれば良いかわからない序盤に、プレイヤーのヒントとなること。そして、最終目標が遠くちょっと飽きてくる中盤に、プレイヤーに喜びを与えることです。これは、受験勉強にも大いに応用できます。受験勉強をゲーム感覚で楽しみましょう。

では、そのクエストをどのように作ればいいのでしょうか。

①「クエスト」は最終目標への道のり上に設定する

大前提として、**自分の最終目標に繋がる条件のクエストにしましょう。**

例えば「100メートル走で12秒を切ろう!」なんてクエストは、それ自体は立派な目標設定ですが、「東京大学に合格しよう!」という最終目標には繋がっていません。勉強に関するものであっても、センター試験でも東大二次試験でもまず問われないようなものは、道のり上にありません。例えば、意味を理解しないままでの史料の単純暗記などがそれにあたるでしょう。「乙巳《いっし》の変」という単語のみを覚えることは意味がありません。

ゲームにも脇道に逸れるクエストは色々ありますが(いわゆる「やりこみ要素」というやつです)、それをクリアして「一歩前進した」と勘違いしてしまってはいけません。

②「クエスト」の条件は明確にすること

「クエスト」は、クリア条件が明確です。「○○モンスターを5回倒そう!」や「△△の街にたどり着こう」などのように、**数値や特定の名称を使った具体的な内容になっています。**「なんか強くなろう!」とか「どこかちょっと先に進もう!」とか、そんな曖昧な条件のクエストは見たことがありません。

受験勉強で言うならば、「参考書に載っている難易度4の問題を3問解こう!」「20分で本番レベルの長文を読み切ろう!」「(過去問を解くときは) 本番の解答順序を決めよう!」といった感じでしょう。最終目標「東京大学に合格しよう!」は遠すぎてダレてしまいそうですが、この程度の条件であれば、休憩までの時間に集中してクリアできるはずです。

③「クエスト」クリアの報酬を設定する

ゲームの「クエスト」を達成すると、アイテムや経験値などがもらえて、「嬉しい」ものです。**勉強の「クエスト」にも、「嬉しい」報酬を設定しましょう。**

理想は、勉強の成果そのものが「嬉しい」報酬になることです。ですが、これを毎回実感するのはなかなか難しいですし、「意味」との差異も不明瞭になります。**もっとわかりやすい、**

自分へのご褒美を報酬にしましょう。

「ここまでやったらゲームをやる」とか、「これを達成したら友達へのLINEを返す」とか、自分がやりたいものを報酬にしておくと、1秒でも早く達成したくなり、時短に繋がります。

私の場合は、「ピアノを弾く」「アイスを食べる」などを報酬にしました。現役受験生の場合は、定期テストや模試などで親に何か報酬をねだっておくのも良いでしょう。

「ご褒美のためにしか勉強をしなくなる」と言ってこの方法を嫌う人も多いのですが、私に言わせてみれば、それの何が悪いのかわかりません。大人になってからも、対価のために仕事をするのは当たり前のことです。一見報酬が見えにくい無償奉仕でも、何らかの良いことがあるからやるのです。それをわかりやすくしているに過ぎません。

前述の「1週間分の予定を立てる」ときに、その週のクリア条件と報酬も明確にしておくと良いでしょう。ゲームでいえば、ちょっと達成の難しい中期目標です。その中期目標の達成に向けて、その日にこなすべきことを「デイリークエスト」として短期目標にします。

受験勉強や長期的な目標に向けた勉強というのは大型RPGのようなもの。**ラストダンジョンにたどり着くまでに、レベルを上げたり武器を集めたりして自分を強化しておかねば**

勝ち目がありません。途中の道のりもとても長いので、単調なレベル上げを繰り返していては飽きてしまいます。ゲームを放り出してしまわないように、クエストを一つひとつこなして達成感を得ながら、楽しく強化を進めていきましょう。

point

作業の「意味」と「目的」を明文化することで目標までの「クエスト」を作ろう。もちろん「報酬」も忘れずに！

no.20

【「解いて終わり」は時間の無駄】

「問題を解く作業」に逃げてはいけない

その日、その週にどんな勉強をするか決めるとき、「過去問○年分」「問題集○ページ」という内容に偏ってしまうことはないでしょうか。「新しいことを学ぶ」「理解する」というのは、なかなか体力を使って疲れる勉強です。そのため、**「問題を解く」という単純作業、つまり〝ラクな勉強〟に逃げてしまいがちになるのです。**

もちろん、問題を解くことが無意味とは言いません。「何かを勉強したけど、本当に理解できているかどうか不安だから確かめる」「だいぶ前に勉強した範囲を忘れず定着しているか確かめる」など、有意義な使い方もたくさんあるでしょう。

ですが、「新しいことに手を出すのが面倒だから、とりあえず今日も問題集」には、意味があるといえるでしょうか。しかも、それは往々にして、やりやすい分野に固まってしまうのではないでしょうか。まずは、その問題を解くことに本当に意味があるかどうかを考えるべきです。

P78でも述べましたが、気分が乗らないときの勉強のきっかけとして、過去問や問題集を解くのは悪くありません。ですが、問題を解くことそれ自体は、何かを学ぶことに直結しているものではありません。「解いて丸付けをしただけで終わり」では、勉強をしたつもりになっているだけで、効果的に時間を過ごしたとは言い難いと思います。

問題を解いた効果を真に得るためには、**その問題が何を問うていたのかを知り、問題を解くためのキーポイントがどこにあったのかを理解する必要があります。**それには、解説文を読むのが一番でしょう。問題を解いた直後というのは、知識欲が一番高まっている状態。復習効率が最も良い状態ともいえるでしょう。**なるべく早く解説文を読んで、その問題の本質をつかむべきです。**

もし、問題そのものも解説文も「余裕で知っている、新しい知識なんて何もない」と感じるならば、その問題は自分にとって簡単すぎたということです。反対に「難しすぎてほとんど理解できない」ならば、まだその問題に挑むのは早すぎたということでしょう。解説文を読んで、「ああ、そういうことか！」「へえ、そうなんだ！」と思えるレベルの過去問・問題

「問題を解こう！」
面倒だな…
とりあえず
問題集やるか
暗記した
用語が理解できて
いるか確認だ

その行動は「単なる作業」になっていないか？

集が、自分にとって最も適切なものといえます。解説を読むことは、問題集のレベルが適切かどうかの判断にもなるのです。

問題を解いてから解説文を読むまでの時間が空きすぎると、問題に挑んだときに疑問に感じていたことが薄れてしまいます。特に過去問で**「全科目解いてから丸付け」などをすると、何点取れたかにだけ気持ちが向いてしまい、解説文がなおざりになってしまうのではないでしょうか。**採点を最後の楽しみに取っておきたい気持ちはわかりますが、「本当に模試を受けるのが最善か？」の項（P57）でも記したように、せめて1科目ごと、できれば大問ひとつごとに採点をすべきだと思います。問題を解く時間が無ければ、問題を読んだだけで解説文に進んでも良いでしょう。

このように、**過去問・問題集の真価は、「解いてからの振り返り」にこそあります。**「問題を解く」ことは、その効果を高めるための入り口の役割を持つものです。いきなり新しい単元や分野を勉強するほど気乗りがしないとき、まずは「問題を解く」ことは悪くないでしょう。どのような問題に対しても、解いただけ・取り組んだだけに留まらず、しっかりと振り返りを行えば、「その問題の周縁部」まで学ぶことができるでしょう。

point

「やって終わり」ではただ時間を浪費したことになる。振り返りから問題の本質やカギとなるものを見つけよう

no.21

【時短過去問活用法】

過去問は解かずに「イメージ型」で活用する

ところで、過去問は何年分こなすべきなのでしょうか。「10年分解くのは当たり前」という人もいます。「過去問と同じ問題は出ないのだから、量をこなしても仕方ない」という人もいるでしょう。伝統ある学校や資格なら、過去問は解ききれないほどの蓄積があります。

現役のときと再受験1年目のときの私は、過去問ゼロで挑んで大敗しました。2年目からは過去問を少し解きました。3年目になると、過去問との付き合い方がわかってきました。

ここでは、「あまり時間を掛けずに」過去問を活用する方法についてご提案したいと思います。

過去問の使い方は、3つに分けられると考えています。1つ目は、「どの程度まで勉強すれば良いか」を知るためのもの。これはすでに2章で述べました。2つ目は、解答用紙・時間制限などを本番同様にして解く、模擬試験型。自分の力がどの程度まで到達しているかを測るためで、これが一般的でしょう。

本項で述べたい3つ目は、**解答方針だけを頭の中でまとめる、イメージ型**です。

再受験3年目の私は、センター試験については「仕上がりを測るため」の本番想定をメインに2～3年分解きました。一方で二次試験については、1年分だけ「時間配分の戦略を立てるため」「考えていることを記述にまとめられるか確かめるため」に本番想定で解きましたが、あとはイメージ型で問題数をこなしました。あまりなじみのない使い方だと思われるかもしれませんが、内容はいたって簡単なものです。

例えば数学ですが、まともに解答をつくろうとしたら、説明のための日本語をたくさん書かないといけません。**それらを全く省略して、解答の流れだけを考えます。**「点Pがこの辺より左にある場合と右にある場合で分けて、右にある場合はさらにこういう場合分けをして、余弦定理を使えばここが求まって、曲線部分の面積は積分で出せば良いかな」などと考えます。以上です。

解答を書く余裕があるときは必要だと思う計算式だけを書き出して、答えにたどり着く目途が立ったら、その計算すらせずに終わり。正答の解き方を見て考え方が合っていたか確かめます。考え方さえ合っていれば、少なくとも部分点は狙えます。時間が取れる人であれば計算力のトレーニングを兼ねてラストまで解いてみるのも良いでしょうが、社会人受験生がそこに時間を割くのはなかなか難しいでしょう。

地歴でも同様の方法がとれます。**通勤のバスに乗る前に問題文を見ます。吊り革につかまりながら、解答のキーワードとストーリーをぼんやりと考えます。バスを降りたら正答を見て、答え合わせ。**地歴に関しては、解説を読むことで新しい知識が手に入ったり、時代の流れがよりよくわかったりすることも少なくありません。運よくバスで座れたときなどには、読み物として解説文を読んでいました。

国語や英語もこの調子です。さすがに長文を覚えるわけにはいきませんが、空き時間に少しずつ読み進めておいて問題を眺め、「こういうことを書けば良いんだろうな」というイメージだけ頭の中で構成するだけ。実際に手を動かしたり、文字数制限を気にしたりはしませんでした。解答に入れるキーワード／キーポイントが抑えられていれば、それを規定文字数に収まるようにまとめるのはさほど難しくないからです。

この解き方だと、とにかく時間が短縮できるのです。模擬試験型なら大問ひとつに数十分

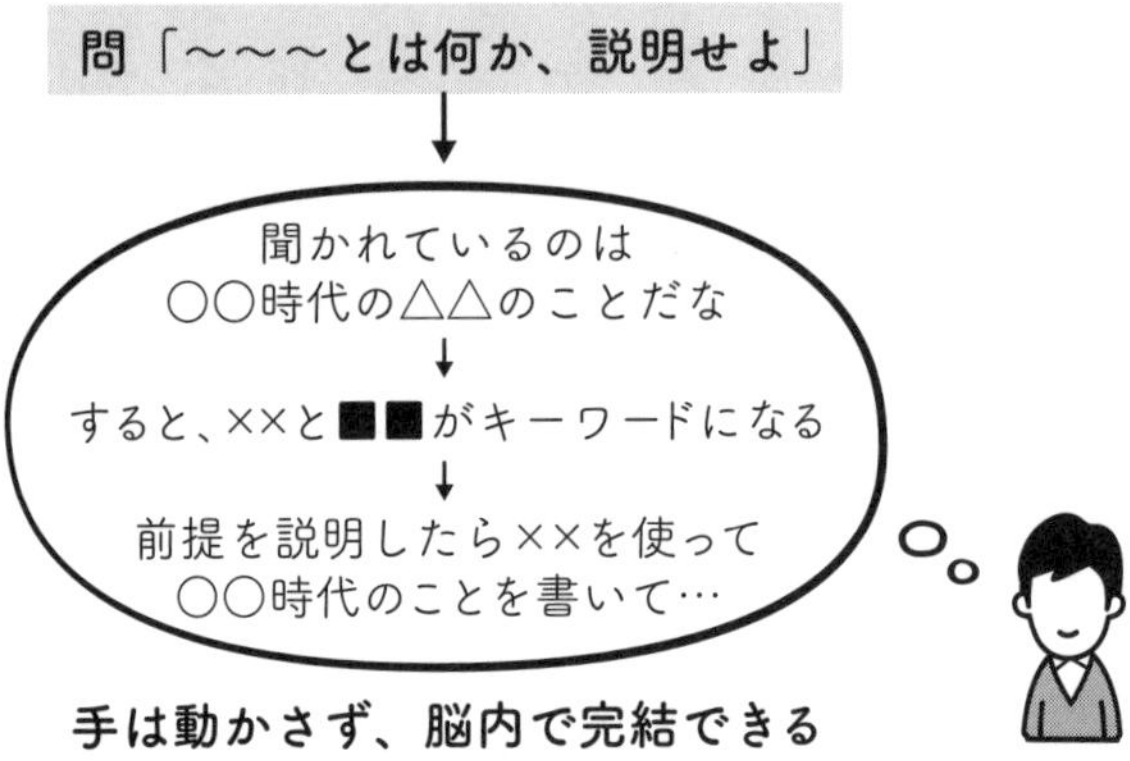
問「〜〜〜とは何か、説明せよ」
聞かれているのは
○○時代の△△のことだな
すると、××と■■がキーワードになる
前提を説明したら××を使って
○○時代のことを書いて…
手は動かさず、脳内で完結できる

解答を「イメージ」で組み立てれば時短になる

かかるところを、数分で解いて進められます。特に私にとっては、2時間のまとまった時間を作るのは容易ではありませんでしたから、少しの空き時間で過去問に挑めるこの方法はピッタリでした。気になる問題をいくつか書き出して持ち歩いていれば、ちょっとした待ち時間なども活用できます。この方法で自分に足りないところ、弱いところを見つけ出して、あとでその部分の復習をしていきました。

そもそも過去問や模試は、「力試し」の意味合いが強いもの。本番レベルの思考の練習としては非常に有用ですが、「学ぶ」ことにかけては、教科書や参考書を読んでいるほうが勝るはずなのです。前項でも述べましたが、解いて終わりでは「書く練習」程度にしかなりません。模擬試験型で過去問を解いている時間は「勉強した」時間に入らない、と考えているくらいです。

このように、「なんとなくやったつもり」になっている時間を減らすことが、効率的な勉強において重要です。闇雲に過去問を解くのではなく、**何のために解こうとしているのかの目的をはっきりさせて、そのために最も効率の良い方法を選ぶことが大切**だと思います。

point

毎回、本番のつもりで取り組む必要はない。問題に取り組む意味と使える時間を考えて最適な方法で取り組もう

no.22

【自分の実力を正確に知ろう】
模試ではヤマカンでマークするな！

択一式の試験では、時間が足りなくなったとき、適当にマークすることもあるかもしれません。本番ではやむを得ないでしょうが、**過去問を解くときなどには「カンで解く」ことは避けて無回答として残しておくべきです**。模試などで点数が必要な場合にカンでマークするのは仕方ないとしても、自己採点・復習では「不正解」として扱うべきでしょう。

本番でもないのに運良く点が取れてしまって過信するのを防ぐ意味もありますし、〝せっかく間違えた問題〟の復習の機会を失ってしまうのを防ぐ意味もあります。更に、練習で「カン」解答を避けていれば本番で最も良い点数を出せる可能性が高くなるので、本番のプレッシャーを軽減できます。

私が再受験1年目の最初にセンター過去問を解いたとき、物理・化学でも40点弱の点数を取れていました。50点満点の「物理基礎」「化学基礎」ではないので、4割程度の得点率です。得点自体は他の科目と大差なく、勉強すれば点が取れそうと判断したため、1年目のセンター試験では「基礎」の付いていない「物理」「化学」を受験する「理科②」に出願しました。数学系・文学系・経済学系に興味があったため、センターの結果次第での文理両にらみを考えて、理系にも出願可能な科目を選んだのです。

ところがセンターまで1カ月を切った冬休みになって、**改めて「カンなし」で過去問を解いたところ、物理4点・化学10点という惨状でした。**6日間の冬休みを完全に理科2科目に充てて勉強したものの、60点弱が精いっぱい。二次試験対策など始めるまでもなく、ターゲットを文系に絞ったのでした。結果、不利な「理科②」での受験ということもあり、センター試験ではギリギリ2点差で足切りを通過、という危険な状態となりました。

最初から自分の実力を正しく把握していれば、別の勉強方法もあったかもしれません。

力試しのテストでは、まったく答えがわからない問題を適当にマークしたり、解答時間ギリギリで問題すら読まずに解答したりはやめておくべきです。偶然で数%以上の点数が揺らいでしまうためです。とはいえ、「100%自信のある問題しか解答しない」というのは、それはそれで極端で、逆に点数が下ブレしすぎてしまうでしょう。

そこで、**「3択までは絞れるけど、あとは自信がない」「2択まではわかる」といった問題は、正解・不正解にかかわらず、配点の3分の1や2分の1の得点として自己採点することをオススメします。**これであれば偶然に左右される部分が少なくなり、かなり正確に自分の弱点を把握することができます。また「3分の1」とはいえ、実際の正解率はそれよりも高いでしょう。「どちらかといえばこちらだろう」という見当がつく問題もあるはずだからです。ですから、本番ではより高い得点が期待できるというのも変わらないのです。

また、「確証はないけど十中八九これだろう」という問題もあるでしょう。これについては、正解だと思う選択肢を選んだうえで、問題用紙などに△を付けておきます。「選択肢Aが明らかに正解だから選ぶけど、Bもなぜ間違っているのかわからない」という問題も同様です。△を付けた問題は正解不正解によらず、あとでしっかり振り返ります。△を付けていない問題は、正解していれば復習しなくて構いません。**△を付けていないのに不正解の場合は「間違った自信を持っている」ことになるので、特に重点的に学習すべきです。**これにより、復習が短時間で効果的に行えます。

仕事などの日常においては、「自信がないから無回答」とはいかないかもしれません。ですが、失敗したときだけでなく「たまたまうまくいったとき」にもしっかり振り返ることが大事だと思います。自信をつけて実力をアップする、良い機会となるでしょう。

模試や過去問は本番ではありません。「あやふやなところ」に目をつぶるのではなく、しっかり一つひとつ潰していきましょう。いまの自分の実力を正しく把握することこそ、実力アップへの第一歩です。

point

自分の実力を見誤ると後で重大な失敗につながることも。曖昧な部分を確実に潰して自分の力にする

no.23

【「仕上げの準備」を万全に！】

本番直前2カ月間の予定を立てよう

受験直前の冬休み。私にとって、この期間が受験勉強のメインでした。業務の都合上何日か出勤する必要があったこともあり、妻の協力を得て家族での帰省から単身で早めに帰京。休みの日を利用して受験勉強をする機会を得られました。1日あたり6～8時間程度、これだけの勉強時間を確保できる機会はほかになく、ここからが受験へ向けてのスタートといえるような期間です。

二次試験まで2カ月、近すぎず遠すぎずという時期に位置するこの冬休みは、受験本番に向けてモチベーションとコンディションを整えていくのに良い時期でしょう。お正月の親戚つきあいなどで多忙な方もいらっしゃるでしょうが、それでもある程度の時間は確保しておきたいところです。

この12月末から二次試験までの2カ月間は、得点に直結する大事な期間となります。**この時期に入ってから何をするか迷っていては、せっかくの時間を無駄に過ごしてしまいます。**最後の2カ月間で何をするかは、事前に予定を立てておきましょう。

「直前2カ月でやること」を決めておくことの効果は、この期間の学習を充実させるだけではありません。**この期間に入る前の、日ごろの勉強にも時短効果を与えます。**気になることにアレコレと手を付けていると、記憶も理解も中途半端になりがちです。「これは冬休みにやる」「これは今片づける」と整理することで、**いまやること・先送りにすることをきっちり区別でき、学習効率を上げることができる**のです。

直前2カ月は、大きく3つの期間に分けられます。冬休み期間、センター試験前の期間、二次試験前の期間です。それぞれで取り組むことについては、個々の学習ペースによってまちまちでしょう。参考までに、私のケースを挙げてみます。

【冬休み期間】

私の場合は、「物理基礎」「化学基礎」の2科目は冬休み前までは一切手を付けず、他の科目にリソースを集中していました。文科を受験する場合は理科科目は二次試験で使用しないため、センター試験でのみ解答することになります。過去2年の受験経験から、この2科目は毎年似たような広く浅い知識を問われることがわかっていたため、薄めの参考書を1冊ずつ読むだけで十分だと感じていました。それぞれ1日ずつあれば対応でき、センター試験までの1カ月程度であれば鮮明なまま知識をキープできると判断した私は、この2科目に割く時間を冬休みに1日ずつ確保していました。

残りの時間は、主に数学の調子を上げていくことに費やしました。例年、数学Bの数列・ベクトル分野で失点してしまっていたため、この分野のコツをつかむことを重視したのです。基本公式の導き方と、その変形・応用方法の練習がメイン。これでセンター試験対策は一通り済んだので、前述したように「本番想定での過去問」を試し、時間配分の感覚をつかみなおしました。

【冬休み明け〜センター試験まで】

この期間は、総ざらいがメインです。これまでにこなしていた英単語帳や参考書をざっと見直しました。忘れていてハッとするような内容があれば、「試験直前に見直すノート」に書き込んでいきます。また、就寝前の空き時間などを使って、動画サイトで見つけて興味を

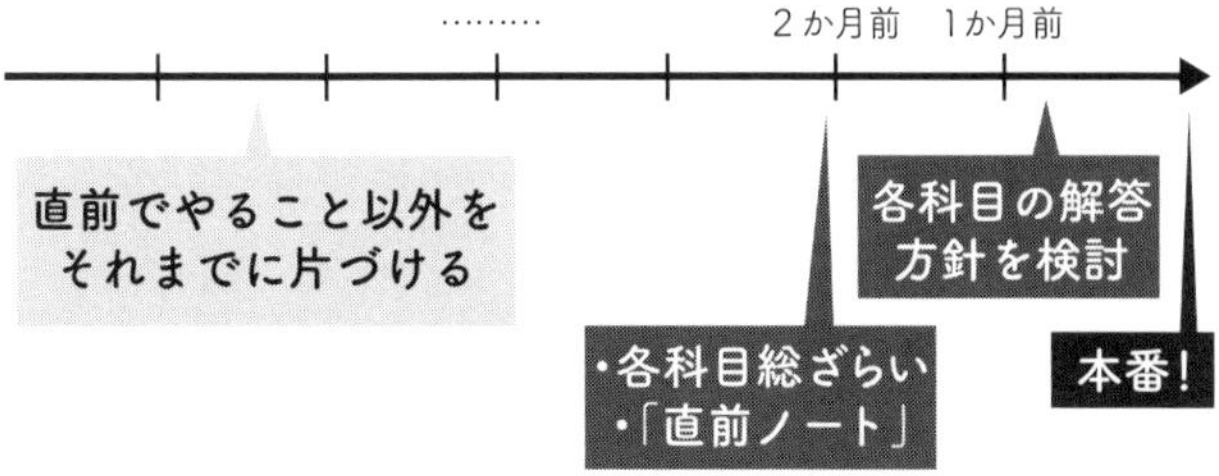

本番直前から逆算してやるべきことを考える

持っていた日本史系のシリーズ動画を流し見しました。試験に直接関係ないことも多いのですが、それはそれで印象に残りやすいので、得点にもつながりました。

【センター試験から二次試験まで】

この期間のメインは、数学は過去問を見て解答方針を考えるのと、相変わらず苦手の数列・ベクトル分野の参考書読み。地歴・国語・英語は、過去問や模試問題集の解説を読んで採点基準を見直し、それに合わせて解答方針を考える練習をしました。試験日直前には、日本史の参考書に付いているＣＤを聴きながら、古代から現代までのできごとの流れを読み返しました。

私がかなり落ち着いてこの期間を過ごせたのは、過去2年の経験によるところが大きいと感じています。直前期間の復習で、どの科目にどれだけの時間をかければ本番に臨める仕上がりになるかを自覚していたからです。また、やることを詰め込みすぎると諦めてしまい、かといって余裕を持ちすぎると後回しにしてしまう自分の性格もつかんでいたため、直前期間の自分に適度な負荷を掛けるように調整することができていました。

試験やプロジェクトの直前ともなると、よほど完璧に余裕を持ったスケジュールをこなしていなければ、焦りを抱えてしまうことが少なくありません。それでも、「直前にやること」をリスト化できていれば、少なくともそれに従えばいいという安心感を得られます。「直前にやること」をこなすために、今は何をするべきかを考えるきっかけにもなるでしょう。

社会人受験生は時間が無い弱点を持つ一方で、自分の能力をより客観的に把握できるという強みを持っていると思います。直前2カ月の「最終調整」は、その強みを活かせるかどうかのキーポイントといえるでしょう。

point

本番直前にやるべきことを考えれば、それまでの期間にやるべきことも明確になる

第4章

安定した得点につなげる「科目別勉強法」

no.24

【自信を身につけるコツ】

誰にも負けないスペシャリストになろう！

この章では、私が東大二次試験で出題される各科目の問題に対してどのように取り組んでいったのかを見ていきますが、内容は**「理解・暗記に役立つ技術」**についてがメインとなっています。

東大二次試験以外にも一般的な試験勉強に役立つことも多いかと思いますので、できるだけ詳しく述べていきます。

理解にしても暗記にしても、**効率を高める特効薬は「自分が得意なことをやっている」という自信を持つこと**です。自信がある分野だと努力することさえ楽しくなり、どんどん得意になっていくことでしょう。「自信を持ちなさい」というのは、受験勉強に限らずしばしば与えられるアドバイスだと思います。

しかし、その自信はどのように身につければ良いのでしょうか？　私自身、会社でも若手社員から時々訊かれることがあります。そんなとき、私はこう答えています。

どんな小さな範囲でも良いから、「○○なら誰にも負けない」分野を作ることです。

それが「日本史」とか「化学」といった分野だと大変です。あまりに範囲が広すぎて、簡単にはスペシャリストにはなれません。そうではなくて、例えば「江戸幕府の職制に関することなら俺に訊け！」「ヨウ素の性質に関することなら私より詳しい人はいない！」といった、とても限定された範囲で良いのです。

そして、**それをぜひ周りに宣言してください。**その範囲で知らないことがあると悔しいので、スペシャリストになるまでに時間はかからないでしょう。するとそこが起点になって、隣接分野が徐々に得意になっていきます。**ひとつ足場を築くことで、得意なこと・自信を持てることがどんどん増えていく**のです。

私の場合は一緒に受験する仲間はいませんでしたから、この「周りに宣言する」手法はあまりうまくはいきませんでした。しかし職業柄もあって、「場合の数・確率」についてはどんな問題がきても解けるようにしたいと考えていました。すると問題によっては数列の考え方が必要になり、最大最小を求める問題では三次関数や微分が必要になって、だんだんと確率以外の分野にも興味が出てきたのです。

また日本史の分野では、「金本位制《きんほんいせい》」に興味を持って詳しく調べました。一定額の貨幣をいつでも金と交換できることを担保し、通貨に国際的な信用を与えた仕組みのことですね。それに関わった人たちや背景となった外交関係など、徐々に「定着した知識」を広げていくことができました。

似たような状況として挙げられるのが「突然頭に浮かんでくる予想問題」です。「もしかしたらコレが出題されるかも……！」という考えが頭に浮かぶ――という経験は、だれしも持つものでしょう。実際に出題されることは稀かもしれませんが、本当に出題されたときに解けないと、このうえなく悔しいものです。

私は、なぜか「躊躇《ちゅうちょ》」という漢字の書き取りが出題される気がしていました。そもそも出題範囲に含まれない漢字かもしれませんが、そんなことを考えているよりも覚えてしまったほうが早いというものでしょう。「直前の休み時間に最終復習することリスト」に入れておいたのです。もちろん出題されませんでしたが、ひょっとしたら論述で「躊躇が書ければ字数制限に収まったのに」のようなケースもあるかもしれません。

このように「**出題されたときに間違えたら絶対後悔する**」を利用することで、「**自信を持って知っているといえる分野**」**を築いていくことができます。**ある分野のスペシャリストになり、そこを足場に得意なことを増やしていきましょう。

point

「この分野の理解は誰にも負けない」という自分の足場を築き、そこから理解を広げていくことで効率的な勉強ができる

no.25

【要約技術のトレーニング】

資料1枚でプレゼンできるか？

センター試験の国語では、「〜とあるが、それはどういうことか。」という設問がたくさんありました。大学入学共通テストのサンプルを見ても、同様の設問で記述させる問題が予定されていたようです。東大二次試験の国語では更に顕著で、現代文の設問には「〜とあるが、なぜそういえるのか、説明せよ。」「〜とはどういうことか、本文全体の趣旨を踏まえて説明せよ。」といった文言がずらりと並びます。

共通テストの「問題のねらい、主に問いたい資質・能力」にも「目的等に応じて情報をとらえ、テクスト全体の要旨を把握することができる。」などとあるように、本文全体、あるいは一部分の「言いたいこと」を見抜く力が問われています。

長々と書かれている評論文でも、本当に主張したい骨子は数行程度でしょう。あとは、そ

問題のメインテーマにいかにたどり着けるか

れに納得性を持たせたり、読者の反論を先回りして封じたり、読み物として興味を惹いたりするための肉付けです。骨子となるキーワードを拾えるかどうかがカギになります。

　これは学校の授業などでも同じことでしょう。「○○は○○である」という授業のメインテーマを伝えるために、実験をしたり練習問題を解いたりと肉付けを行っているのです。**生徒に求められているのは、それらの肉をうまく味わいながらメインテーマを見抜いて自分の武器として会得することでしょう。**「要するにこういうことなんだ」という納得を感じることで、記憶にもはっきりと残ります。これが「理解した」ということでしょう。

　要約の練習としては、**読んだ文章や作品、授業の内容などを「プレゼン資料として、パワーポイント1枚にまとめてみる」**のがオススメです。実際にパワーポイントにするのは時間がかかるでしょうから、ノート1ページでも構いません。ただ、プレゼンを前提とした資料なのですから、ノートに細かい字でつらつら書くのではいけません。

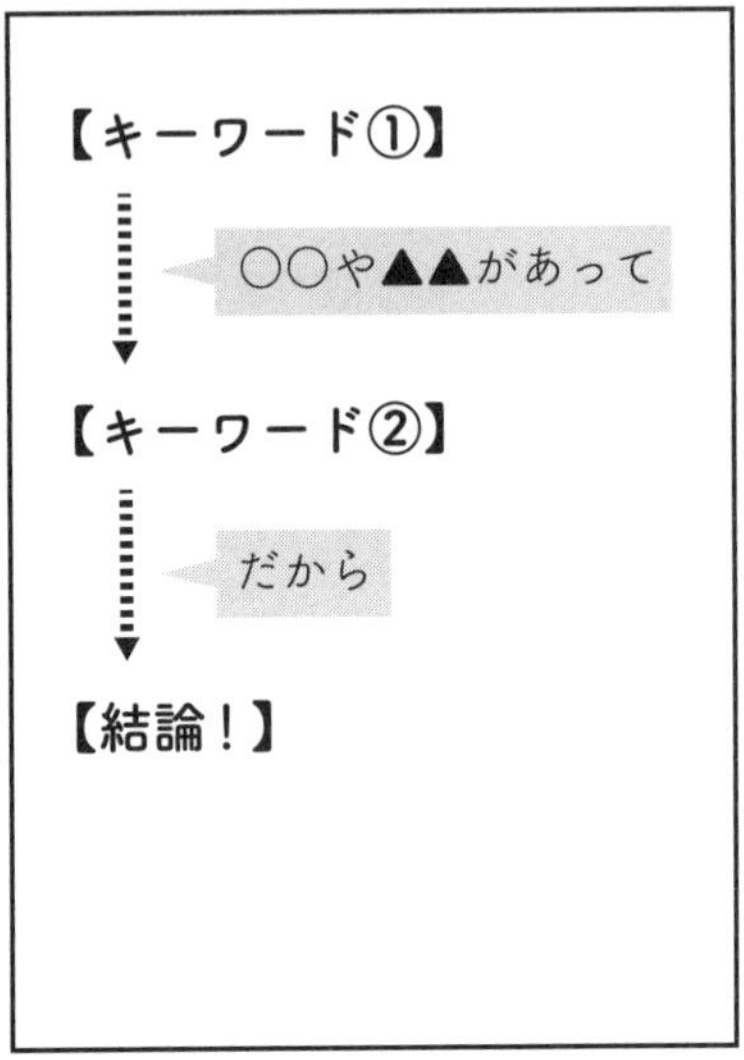

このような感じで、一目で流れがわかる形が理想です。これだけでは伝わらない、補足したい部分については、この資料を軸にしつつプレゼンで喋れば良いのです。実際には喋るわけではなく、解答用紙に記していくことになります。キーワードの抽出については、「要するに」などの語に注意して読む（聴く）などの技術があります。

この方法は、日ごろの仕事などでも活用できるのではないでしょうか。少なくとも私の仕事、ゲームプランナーにとっては、武器になる技術です。自分の考えたゲームを上司や経営陣に伝えるときに、面白い部分をあれやこれやと説明したい気持ちはあれども、長々とした文章を読ませるわけにはいきません。キーワードだけをまとめた資料を作って、それをベースにプレゼンを行い、相手に理解してもらう必要があるからです。

ゲームのプレゼンではさすがにパワーポイント1枚というわけにはいきませんが、最初のほうでゲーム全体の「コンセプト」を打ち出します。その後、ゲームの要素を説明するページごとにも面白そうな（ただしコンセプトに沿った）キャッチフレーズを置いて、読者の同意を得ていくのです。国語の長文の「文全体の骨子」と「段落の要旨」にそっくりな構造です。

キーワードさえ出してしまえば、それをつないでいくのは大した苦労ではありません。文字数制限も気にする必要がなくなるでしょう。むしろ余りがちになるくらいです。

要約が大事なのは、国語だけではありません。地歴の論述問題などでも同じです。説明したいことの骨子を決めて、そこに補足的な肉付けを行っていく形で解答をつくります。英語の「次の英文の要旨を、日本語にまとめよ」も同様ですし、「○語程度の英語で要約せよ」にしても、まず日本語で何を説明するかを決めねば書けるはずもありません。数学にしても、どういう説明をするのかの方針を立てて、それに根拠を与えたり説明を付加していったりする点では似ているといえるかもしれません。

二次試験全体を見ると、最も配点が大きいのがこの「要約技術」といえるように思います。もしもあなたがこれを得点源とできていないようであれば、パワーポイント資料要約の練習をしてみてはいかがでしょうか。


要約の練習は、日ごろから何気なくすることもできます。

私には現在、小学2年生になる長女がいます。勉強を丁寧に見てあげている――などとはとても言えないのですが、定期的に心掛けているトレーニングがひとつあります。それが要約です。

長女の本棚には『世界を変えた人たち365』（永岡書店）という分厚い本があって、1話5分くらいで読めるようにまとめられたお話がたくさん載っています。以前誕生日に（おもちゃに加えて）プレゼントしたところ、毎日ではないのですが、興味を持って読んでいるようです。

これを1話読んだ長女に、「どんなお話だった？」と訊くのです。最初のうちはもう一度本を開いてほとんど全文を読み上げて答えていた長女ですが、これを繰り返すうちに断片的ながらもストーリーを要約して伝えてくれるようになりました。

「前田利家っていう人のお話だった。若いころは人とは違ったことをして『かぶきもの』って呼ばれてて、同じ『かぶきもの』の『のぶなが』の家来になって、リーダーだったんだって。それで、『かがのくに』を手に入れて、いまでも利家と『まつ』は多くの人が知ってるんだよ」といった具合です。「『まつ』って誰?」「どうしてリーダーになれたの?」などと質問をしてストーリーの補完をさせる、という遊びをしているのです。

本や映画などのストーリーがあるものが話題にのぼったときに友達や家族と「どんなお話?」と尋ねあう、または自分自身で「どんなお話?」を整理することは、お手軽な要約練習としてうってつけでしょう。

point

要約技術はあらゆる場面で求められる必須能力の1つ。日頃のトレーニングで鍛えることができる

【まぎらわしい2つの覚え方】

1つは覚えて1つは忘れよう!

地歴や理科の学習では、避けては通れない問題があります。まぎらわしい用語の区別です。「北面《ほくめん》の武士」と「西面《さいめん》の武士」、「ムラート」と「メスチソ」、ある酸化還元反応において過酸化水素が「酸化剤」か「還元剤」か、などなど……他の試験でも、なにかとまぎらわしい用語というのはつきものです。

東大二次試験ではあまり気にしなくて良いと思いますが、大学入学共通テストや用語の正確性が求められる試験では、正誤問題の得点を無視することはできないでしょう。

これは、勉強すればするほど袋小路に迷い込んでしまいます。混乱してしまい、なかなか覚えられません。いくら区別して覚えたつもりでも、テストに出ると迷ってしまうのです。

そのため、暗記カードをつくり、ひたすら書き殴ったり毎日見返したりして、「テストのための暗記」に時間を費やしてしまいます。

しかし、**そこに至るまでに「歴史の流れを知る」「基本的な化学反応を知る」といった勉強の主目的はすでに達成しているはずです。**これ以上の勉強は時間効率が良いとはいえませんし、本当の意味での勉強ともいえないでしょう。

ここは思い切って、**片方は捨てましょう。**

例えば、日本史における「後白河《ごしらかわ》法皇：長講堂《ちょうこうどう》領《りょう》→のちに持明院統《じみょういんとう》の基盤になる」「鳥羽《とば》法皇：八条院《はちじょういん》領《りょう》→のちに大覚寺統《だいかくじとう》の基盤になる」などというのは、ややこしい暗記モノの定番です。両方を覚えようとすると、こんがらがってしまう人も多いでしょう。そこである程度勉強したら、片方だけを記憶に残すのです。「鳥羽八条大学！」などとゴロの良いフレーズにして、覚えてしまいましょう。

暗記しようとするより前の段階で、それぞれの荘園群がどのように形成されて南北朝時代にどのような役割を果たしたか、といった学習は済んでいるはずです。それ以上は単なる「テストのための勉強」でしかないので、何時間も掛けて丁寧に暗記するのは時間の無駄でしかありません。

このときに大事なのは、もう片方を覚えようとしないこと。「不安だからもう一方も……」と思うところですが、絶対に混乱します。もう一方は綺麗さっぱり忘れてしまうのが吉です。「補足」などと名目を付けて、ノートに書くこともオススメできません。復習するときでさえも、もう一方は視界にも入れないくらいで良いでしょう。

「もう一方が出題されたらどうするの？」という疑問はごもっともですが、不安に思う必要はありません。**「まぎらわしい」と思うくらいに勉強してから片方を覚えたのであれば、もう一方が出題されても思い出せるからです。**初めから「片方しか勉強しない」のではこうはいきませんが、両方勉強してから片方をあえて封印しているのですから、記憶を取り出すのは難しくないのです。


地歴や理科とは少し意味合いは異なりますが、英国数でも同様の攻略法が使えます。

私の勉強過程で出てきた例でいえば、英単語の「except（～を除いて）」と「expect（期待する）」、数学の「必要条件」と「十分条件」など。勉強すれば勉強するほど混乱に陥りそうだったため、「片方だけを覚える」方法で時短しました。

あくまで「一度両方勉強した上で」を前提として「片方だけを覚えて、もう一方は忘れてしまう」攻略法を活用し、時短と点数アップを効率的に実現しましょう。

point

流れをインプットした後は、まぎらわしい片方は思い切って捨てる

no.27

【ゲームのキャラ名で暗記攻略】

覚えたいモノを生活に取り込め！

暗記というのはどうしても時間がかかります。どうしても覚えたいのにどうも覚えられないことがあるうえに、しかも、せっかく覚えたものも忘れてしまいます。短時間で試験を攻略しようとしている中での天敵です。

ですから本書でも、暗記対策に割くページが多くなっています。「少しでも心に定着する」「勉強時間外も活用できる」ように工夫していくことが必要です。私がこの作業を重要視している理由は、**何度も復習しなくてはいけないのでは時短に繋がらない**からにほかなりません。

私は勉強時間外で遊ぶゲームを活用し、単語や年号を覚えました。例えば、競馬ゲームをプレイするときに、自分の馬の名前に「覚えたい知識」を付けるのです。例えば、「〜に関して」という意味で長文に出てくる「as to 〜」。単純すぎるゆえに、他の熟語と混同してしまって覚えづらいものです。

そこで、**ゲーム内で所有する自分の馬に「カンシテーアズトゥ」という、一見ありそうな馬名を付けました。**するとゲーム中で繰り返しその名前を実況してもらえるため、自然と耳に残りました。もう復習しなくても大丈夫です。あとは「as for 〜」との使い分けをさらっと勉強しておく程度ですが、ここまで来てしまえばその程度は苦になりません。

日本史では、キーになる年度のひとつ「1837年」を覚えました。その名も「ミナシオモリソン」です。大塩平八郎《おおしおへいはちろう》の乱とモリソン号事件をおさえれば、生田万《いくたよろず》の乱は大塩の乱からの流れで大丈夫です。モリソン号事件からの流れで蛮社《ばんしゃ》の獄《ごく》などもOK。馬名には文字数制限もあるため、要点を整理する練習にもなって一挙両得ともいえました。

本番の試験ではなく模擬テストでしたが、実際に点数に繋がった例では、「to the point（適切な）」＝「トゥザポイント」があります。意味自体はとらえやすくても、前置詞や冠詞で迷いがちな熟語です。しかし、高校時代に好きだった実在馬「トゥザヴィクトリー」の（ゲーム中での）仔に名付けて実況で何度も聴いたことで、迷う余地はなくなりました。

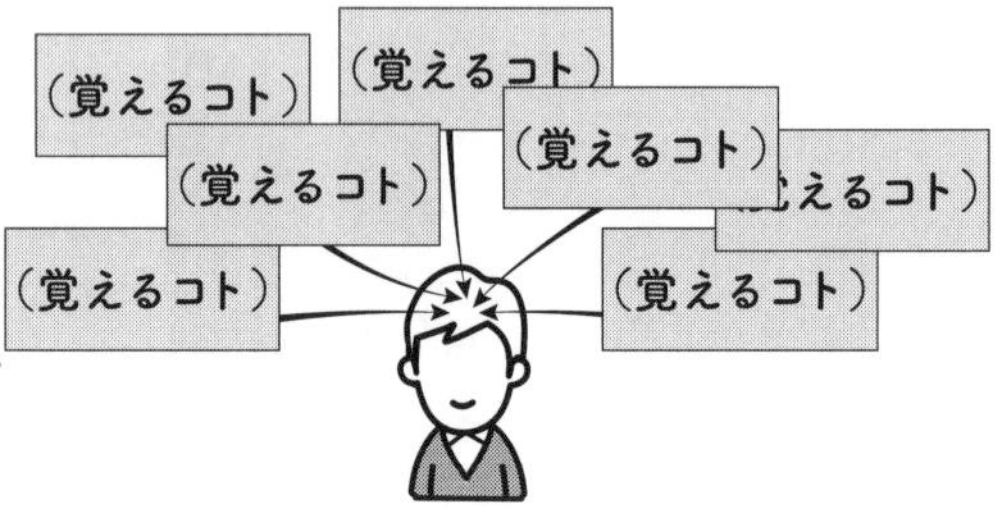

日常に取り込むことで自然と反復回数が増える

センター試験の過去問として解いた『2018センター試験本番レベル模試』（東進ブックス）第1回の大問2の3問目では、「to the point」の「to」を埋める問題が出題されましたが、迷うことなく数秒でクリア。この問題は正答率15・8％とこのテストの中で最も正答率が低いものだったので、特に迷いやすい問題だったようです。

何度もキャラクター名を付ける競馬ゲームは受験勉強の暗記には最適といえるものだと思いますが、もちろん他のものでも構いません。RPGの主人公や仲間の名前、街づくりゲームで建てた施設やエリアの名前など、自分の好きなものの名前を使えば良いでしょう。

あるいは**ゲームのキャラクター名のみならず、自分のメールアドレス、SNSのニックネームなどでも構いま**

せん。それらに自分の覚えたい英単語や古語、化学式などを付ければ、確実に覚えられることと思います。しっかり覚えたら、新しい名前に付けかえていきます。メールアドレスだと若干面倒かもしれませんが……。

新しい知識を手に入れるわけではない「暗記」は、退屈で面倒な作業のひとつです。しかし裏を返せば「単純作業」であるわけですから、工夫次第で効率を上げられるものともいえます。勉強時間外も活用して、手っ取り早く楽しく暗記を進めていきましょう。

point

覚えたいものを日常に取り込めば自動的に反復できる。「いかに心に定着させるか」が効率的な勉強のカギである

no.28

【落書きで印象付け】

暗記を引き出せる「タグ付け」を増やせ！

古くからの暗記法で、効率が悪いように思っているものがひとつあります。それは、**市販の単語カード**です。私が高校生だった頃も、あるいはそれよりもずっと前から、受験生の必携アイテムとされてきたものでしょう。

しかし、**どのカードも画一的で特徴が無い点が、暗記との相性が悪い**と感じるのです。一度覚えたうえでの最終確認には良いのですが、「これから覚える」ときには向かないと思っています。

何かを覚えるときは、**それを思い出しやすくする工夫**とともに学習すると、思い出すためのきっかけが増えて記憶を取り出しやすくなります。多くの教科書や「速読英単語」シリーズ（Z会）のような参考書がお話の中に新しい単語を入れているのは、その工夫のひとつでしょう。「この単語は、あのお話の中で出てきたはず」→「あのお話のストーリーはこんなのだった」という流れで、整理された記憶を引き出すことができるのです。このように**記憶の引き出しにラベリングを施しておくことで、暗記効率はアップする**と思います。

例えば、前置詞別に分けた英熟語をプリントにして家の異なる部屋に貼り出しておく、などの方法もあるでしょう。私は**前置詞別に分けたあと、それぞれを覚える時間・場所を変えていました。例えば「～ to ＋名詞」のグループの熟語は昼休みに見る、などと決めておくのです。**

「ノートの中のどのあたりに書いたか」で印象付ける手もあります。２つの時代の特徴を比較するときは、つい同じフォーマットで比較表を書きたくなるところでしょう。ですが、あえて片方は枠で囲み、もう片方は赤ペンで書くなど「時代によって違う書き方にしてある」ことで目に焼き付けます。他の人に見せて教えるのには向きませんが（その意味で参考書もこの形は採れないでしょう）、ノートは自分さえわかれば良いので、見栄えを気にする必要はありません。

覚えるときの環境や場所を工夫して
自分なりの「記憶の引き出し方」を模索

ラベリングをすることで暗記効率UP

また、**教科書や参考書の挿絵・重要語句に落書きをするのも一手だと思います。**絵や写真の中に、テーマごとに共通のイラストや図形を描き入れておくのです。例えば、飛鳥文化の作品の写真には鳥のイラストをどこかに書き込みます。同様に国風文化のものには日の丸を、桃山文化のものには桃をといった具合です。☆や♪でも構いません。キラキラエフェクトや不気味な人間など、自分にとっての目印となればなんでもいいでしょう。作品の時代そのものが東大二次試験で問われてくることは少ないでしょうが、文化の特徴を効率良くつかむことには役立ってくるはずです。

覚えたいものそのものだけではなく付加情報を添えることによって、記憶を整理して引き出しやすく

することができます。普通の単語帳を「きれいに使おう」とすると、どのページも同じような見た目になってしまいます。綺麗ではあるのですが視覚的に訴えかけてくるところが無く、印象に残りにくいでしょう。テーマごとに色を変えたページを使ってみる、なかなか覚えられないものには表裏両ページに特徴的な落書きをするなど、ひと工夫加えてみるのはいかがでしょうか。

point

覚えたいものには視覚的な情報を付与し、記憶を引き出す際のラベリングに活用する

no.29

【英語】英単語が苦手でも長文読解はできる

長文に特化した学習でコスパアップ!

何度も述べてきたように、私の苦手科目は英語でした。ことに「暗記」が高校時代から不得手だったために、英単語を覚えるのは苦手中の苦手です。英単語テストのようなものでは良い成績が収められた記憶が全くありません。高校2年生のときに予備校の「英単語暗記合宿」なるものに参加したことがあるのですが、まるで成果は上がりませんでした。受験直前に「単語力は中学3年生レベル」という判定を受けたのを覚えています。

再受験でそれが劇的に変わるわけもなく、ここまでに書いてきたような方法である程度は覚えたものの、英単語力は平均に遠く及ばない状態だったと思います。それでも、センター試験の英語は毎年安定して高得点を挙げることができていました。大問2の文法問題で何問か落とすものの、1問あたりの配点が大きい長文読解の問題ではほとんど失点が無かったのです。

なぜ、英単語がわからない私が長文読解で得点できていたのでしょうか。

最も大きな要因は「長文だから」という点そのものだと思います。**ぽつぽつとわからない単語があっても、長い文章を読んでいくことで、どういうお話かの想像が何となくついてくるのです。**短文ではこうはいきません。

また、「日本語に訳さなくて良い」という点も大きかったように思います。センター試験の英語の問題は、設問も選択肢も英語で書かれています。だから**わからない英単語が少々あっても、無理に日本語に訳す必要はないのです。**「彼は meadow で ignore されたことが dissatisfied だったんだな」といった具合に某タレントさんの口調のような感じで読み進めていっても、答えを出すのに差し支えないことも少なくありません。もちろん、選択肢で言い換えがなされていることもありますが、かえってそれをヒントにしてわからなかった単語の意味が推測できることもあります。

英単語・熟語の暗記は膨大過ぎるため、しかもひとつ覚えたところで得点に繋がる可能性は低いため、なかなか手を伸ばしにくいところだと思います。受験直前の私は、「長文読解にすぐ役立つ」「コストパフォーマンスが高い」英単語・熟語に絞って勉強しました。

その第一は、**接続詞**です。これは数が限られていて覚えやすいわりに、長文の展開をつかむのには非常に役立ちます。接続詞自体を日本語に訳さないまま読み進めるのは困難ですが、接続詞の意味さえわかれば「その前後に書かれている文章のどちらか」を理解することでもう一方も推測できることが多く、便利な存在です。「接続詞的な役割を持つ副詞」も有益で、私は**「Actually」**を重宝していました。TOEICのリスニングの勉強で気づいたのですが、**問いかけに対する適切な返答を選ぶ問題で、この単語から始まる文章は正解であることが多い**のです。確かに「実は～なんだ」という返答は、依頼を断る場面でも、理由を答える場面でも、不適切にはなりにくいでしょう。

第二は、**動詞の役割を果たす熟語**です。名詞は日本語訳できなくても文全体の意味を大きく取り違えることは少ないのですが、動詞を取り違えると180度意味が変わってくることがあります。特に「be to」「take to」「look for」といった、非常に簡単な単語だけで形成された熟語は、知っていないと推測する手がかりがありません。文法問題でもポイントになるかもしれませんから、コスパは高いでしょう。

第三は、抽象的になりますが、**「同じようなニュアンスを持つ単語群」**です。私の場合は、

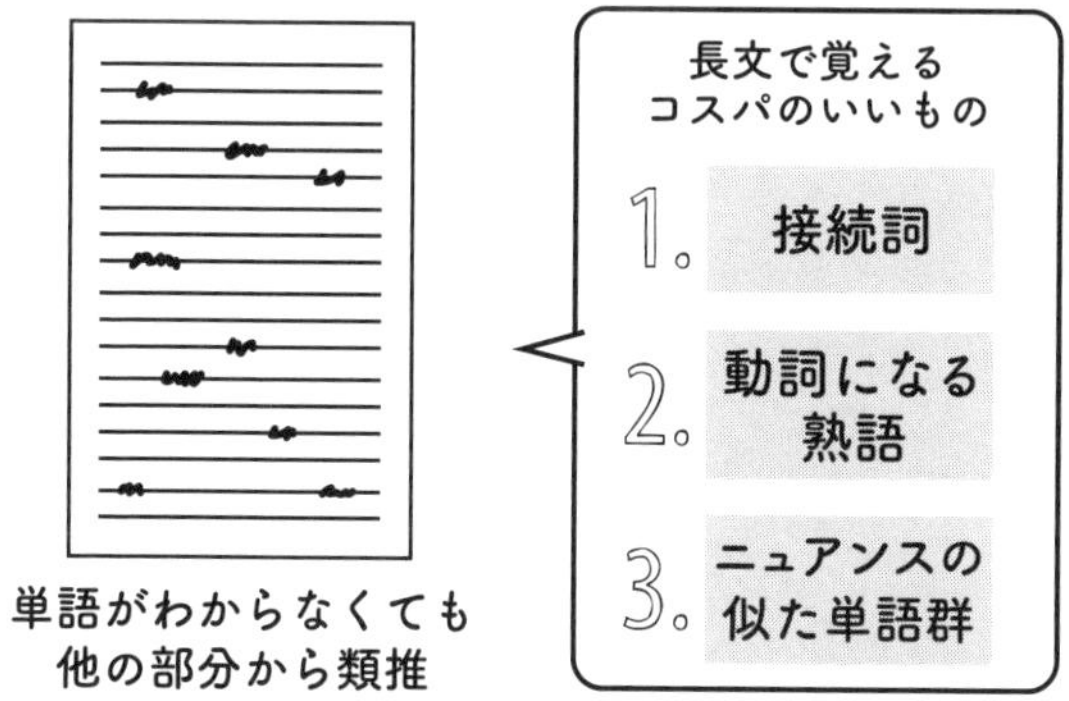

長文のための単語暗記は効果が高そうなものを中心に

有名な馬の名前になっているものの中で、好意的な文脈で使われそうな単語を記憶に留めておくことにしました。anticipation（期待）、glorious（栄光の）、fame（名声）、esteem（尊重する）などです。これらの単語が出てくれば（そして否定的な文でなければ）、その主語になっている人物が称えられているような文脈だろう、と想像できます。あれもこれもと手を出すよりも、何か特定のニュアンスに絞って覚えておいた方が効率的だと考えました。

大学入学共通テストでは、センター試験以上に長文が重視されるようです。単に「いくつ単語を覚えた」というよりも、長文読解に適した単語を効率良く覚えていくほうが、得点に繋がりやすいように思います。

また東大二次試験では、「簡単な単語でできた文章なのに、日本語で説明せよと言われると難しい」と感じるような文がよく出題されるように思います。『東大の英単語』（教学社）によると、東大入試で出題される英単語のうち「高校の英語教科書、センター試験レベル」を超えるものは7％に満たないそうです。「基本的な語彙の深い意味が問われる」問題で、同書では各単語の本質的な意味や成り立ちなどが解説されています。実際に入試を受けてみて、私もそれが必要だと感じました。

残念ながら私は入試までにそれを勉強することができませんでしたが、大学の英語の授業についていけるよう、現在は休学期間ですが、その終了までには「語彙の深い意味の勉強」をしてみようと思っています。

最後にもうひとつ、私が「長文」で得点できるようになった大きなポイントとして挙げておきたいのが「長文に抵抗がなくなった」ことです。

現役時代は「単語がわからないのだから長文なんて読めるはずがない」とハナから諦めているようなところがありました。それこそ3行以上の英文を見ると眠気が襲ってきたものです。しかしこれまでに述べてきたように、単語がわからなくても長文は読めることに気づきました。また、英会話教室のＴＯＥＩＣ講座や音読講座に通ってまとまった文章を半ば強制的に読む機会を自分に課したことで、長文を読み始める体力が付きました。

私のように**先入観を消すことで、取れるようになる得点もあるかもしれません。**入口で苦手意識を持ってしまい分野全体を諦めてしまっているような方も、その分野の中に自分が取れるようなところはないか、ぜひ探してみてください。

point

「苦手」と感じているものの中には、攻略ルートを変えることで得点源になるものがあるかもしれない

【英語】選択肢から本文を予測する
わざわざ本文を要約してくれている貴重な情報

英語を大の苦手としていた私がセンター試験の英語を得点源としていた理由について、いくつか述べてきました。ここではもうひとつ、解答スピードの面から述べようと思います。

センター試験の英語はなかなか文章量が多く、時間配分に失敗すると大きな失点につながります。日本語を読むようにとはいかないまでも、ある程度流れるように読んでいかねばなりません。

私は英語力が低いので、英語の長文を頭から読むと時間が足りなくなります。段落ごとの要点だけを見出して読み進めるパラグラフリーディングは心掛けていたのですが、その前にやることがありました。

それは、**選択肢を先に読んでおく**ことです。長文を読み始める前に、まず選択肢に目を通すのです。すると、本文の内容がある程度推測できます。複数の小問の選択肢を通してみると「本文は○○について論じているんだろうな」とわかることが少なくありません。さらには「この問題は①と④のどちらかが正解で、この部分に引っ掛けがあるんだろうな」などと察せられることもあります。

そうなればあとは簡単です。本文は流し読みしていき、それに関わりそうな文章が出てきたところで時間をかければ良いのです。ＴＯＥＩＣ対策のレッスンで体得した攻略法ですが、設問数が多いほど本文の内容をとらえやすいので、センター試験の英語との相性が抜群でした。

特に、**各大問の最後のほうの設問は情報の宝庫です。**「本文が述べたいことは、次のうちのどれか」のような問題であることが多いので、本文の要旨は①②③④のいずれかだ、と絞ってから読み始めることができます。

例えば２０１８年のセンター試験・英語第５問では、５つの小問のうち４つ目に「筆者は次のうちどれか」という設問がありました。４つの選択肢のうち３つは、人間ですらない宇宙人のような生物の説明です。ということは、筆者は人間ではないのでしょう。このような問題が最後のほうに出てくるということは、**「一見、誰が書いているのかわからないような物語。ごく普通の日常を綴っているように見えるが、最後のほうでネタばらしがあるのだろう」といった推測を持って読み始めることができる**わけです。実際にミスリーディングを誘うような面白い物語だったので、真正面から読んでいたら途中で混乱していたでしょう。

二次試験のリスニングも、選択肢に目を通しておく価値は低くありません。東大二次試験英語のリスニングは、試験開始45分後から30分間放送される、という変則的な形です。そのため、事前に選択肢を読む時間を取ることができます。リスニングの得点に期待していなかった私ですが、事前に5分ほど目を通しました。

リスニングの問題は例年15問で、すべて5択の択一式です。そのうち10問は「内容が関連する長文A・B」から出題されます。私はここまで目を通しておくことにしていました。さすがにこれだけ読めば、何についての会話が行われるかはある程度推定できます。そうしておくと、**ほとんど本文が聞き取れなかったとしても、「肯定的な会話」「否定的な会話」などの喋り方のニュアンスだけで選択肢が絞れてくることがある**からです。片方の論者が「ｎｎｎＮＯ，ナントカカントカ……」のようなうんざりしたような話し方をしている……とか、最後には相手の意見を認めた／認めないまま司会者にさえぎられた、などの雰囲気はなんとなくわかりますよね。

センター試験国語の古典についても、同様のことが言えると思います。私は古典の勉強時間はほとんどゼロでした。イチから勉強するには得点アップにつながるまでに時間がかかりすぎると考え、他の科目に回したためです。そのため、漢字の意味から何とか推測できることが多い漢文はともかくとして、古文には難がありました。長文を頭から読んでしまうと、文章の本旨をなかなか理解できずに時間がかかってしまいます。それどころか文章の大意を読み間違えたまま進み、「選択肢に思ったものが無い」といった事態に陥りがちでした。

しかし選択肢と注釈を先に読む方法に切り替えたところ、本文の内容を推測できることが多くなりました。それに従って本文を読むことで、素早く理解することができるようになったのです。

選択肢の中には必ず正解があります。これは「わざわざ正確に要約してくれている」貴重な情報なのです。これを使わない手はありません。解答スピードが段違いに速くなりますし、苦手科目でも他の人との差を縮めることができることでしょう。

point

問題文や選択肢の中にも解答のヒントがないか、一度戦略を立ててみよう

no.31

【数学・物理】公式証明が第一

百回の応用練習よりも一回の基礎固め

数学の勉強は「まず公式を暗記して、ひたすら練習問題をこなす」という方も多いでしょう。しかし、これは東大入試には向かない勉強法だと思います。

東大二次試験の数学は、確かに計算量は膨大です。確率や積分の問題を解くと顕著なのですが、**答えがつくったような「きれいな数字」にならない問題が多い**のです。

センター試験はマークシートで解答させる制約上もあって、途中できれいに約分されたり、足したらピッタリの数字になったりして、「$\frac{\sqrt{3}}{4}$」のようなきれいな答えになる問題が多くなっています。一方で広大な白紙に計算を連ねていく東大二次試験では、「えっ、こんな答えで合っているのかな……」と不安になるような数字が出てくることが少なくありません。芸術性の高い詰将棋ではなく、泥臭い実戦将棋のような印象です。

しかし、これこそが「センター試験と違って点数を安定させやすい」という東大二次試験数学の特徴だと思うのです。センター試験の場合は途中計算をひとつ間違ってしまうと、十数点の失点につながります。ちなみに18年前、高校3年生の私は足し算の繰り上がりを間違ったおかげで、数学I・Aのある大問で17点を落とした記憶があります。

東大二次試験では、途中計算を間違っていようと「正答を導くためのルート」を示していれば、結構な部分点をもらえるのです。採点基準を見たわけではないので推測にすぎませんが、そうでなければ私は数学でほとんど得点できていないでしょう。

再受験に挑むにあたり、**私は「計算はどうせミスする」と割り切りました。**現役時代にも計算ミスで得点を落とすことが多い傾向にありましたし、ましてや年齢を重ねた今では計算力が落ちているという事情もあります。そもそも「単なる計算ならエクセルでやればいい」という、勉強を役立てる際の実務上の判断もあります。練習量を増やして計算の速度や正確さを少し高めることよりも、まだまだ広く残っている他の分野に時間を割こうと考えました。

そこで東大二次試験の数学では、正確な解答を出すことよりも「この問題は、このようにすれば解けると思います」という方針を丁寧に記すことを優先し、部分点を拾いに行ったのです。すでに述べたように科目ごとのノルマ点数を決めているため、リスクを冒して満点は狙いません。

私の二次試験の解答手順は次のような感じです。文系ですので大問4つ、制限時間は100分です。**試験が始まったらとりあえず4問すべてを眺めます**。なんか簡単そう、難しそう、途中までは行けそうなどと他人事のように見て、どれから解くか決めます。ここでだいたい3分くらい。取り掛かる大問を決めたら、どういう手順で解くか考えます。「こういう場合分けをして……こういう説明をして……これは対称性があるから省略して……」などです。それから、解答初期に出てきそうな計算だけを問題用紙に殴り書きします。途中の説明は書きません。これは、いきなり解答用紙に計算を書くと途中計算を長々と書いてしまうことになり、解答内でのバランスが取れなくなるからです。

この時点では解答用紙は白紙です。大問ごとに10分くらいでしょうか。それから、いよいよ解答用紙に「清書」しながら、本格的な計算に着手します。途中で「計算にものすごく時間がかかりそう」なものが出てきたり「どうやら間違っていそう」な複雑な値が出てきたりしたら、**その問題にはさっさと見切りをつけ、最初に立てた解答方針を示して次の問題に移ります**。どこが間違っているのかを見直したくなるものですが、これはリスクが高いと思います。間違いがすぐに見つかれば良いのですが、大抵は相当な時間のロスに繋がるからです。

計算力よりも考え方を重視するうえで必要になるのは、**基本となる公式や解法を知っていることと、それを組み合わせる応用力**です。そのためには、公式や解法が「何を意味しているのか」を知っていることが不可欠です。**表面的な数式を覚えているだけでなく「どうしてそうなるのか」「何に使えるのか」を知っていないと、なかなか解けるものではありません。**

加えて私の場合は、公式をたくさん覚えるのは混同しやすいので苦手でした。そこで重視したのが「基本公式の導き方」「基本公式そのもの」「基本公式から応用公式への変形の手順」です。例えば三角関数の加法定理周辺には大量の公式がありますが、$\cos(\alpha-\beta) = \cos\alpha\cos\beta + \sin\alpha\sin\beta$と、その証明だけ丁寧に学習しました。他の公式は、変形の方法を見ておくだけです。例えば$\cos(\alpha+\beta)$ならば元の公式のβを$(-\beta)$に置き換えるだけですし、$\sin(\alpha+\beta)$はαを$(\frac{\pi}{2}-\alpha)$に置き換えればOKです。

2倍角の公式などと言われているものも、$(\sin\alpha)^2 + (\cos\alpha)^2 = 1$（これは図を書けば三平方の定理で簡単）さえわかっていれば、変形は難しくありません。

基本となる公式を覚え、その導き方と変形方法を学んだら、基本的な問題を中心に練習します。数学は「暗記していないと解けない」ものは少ないので、公式が意味するところと変形方法をつかんでいれば、手詰まりになることはありません。基本的な問題をいくつか解いているうちに、いくつかの変形公式を覚えたり、使いどころのコツをつかんだりもしてくるものです。また、加法定理の証明そのものが大問ひとつとして出題されたこともあるそうです。これは公式そのものの暗記では解けません。暗記する公式の意味するところは理解しておく必要があります。

私の場合はセンターで「物理基礎」を選んだだけですが、物理も同様かもしれません。物理基礎の範囲程度ならば、公式の意味と単位の換算（[N]=[kg・m/s^2]など）さえこなしてしまえば、ほんの1日もかからずにカバーできました。

ひたすら問題をこなすくらいであれば、「最初の一歩」をしっかり固めるほうが、短時間で安定した得点につながるのではないでしょうか。

point

暗記は時間がかかるもの。
「本質の理解」でその作業を省けないかを考えてみよう

no.32

【歴史】人物を学べば歴史がつかめる

長生きした「境目の人物」を狙え！

スペシャリストになるのはどんな小さな分野でもいいと本章の冒頭で述べました。とはいえ、なるべく目的達成のために効果の高いものを選びたいところだと思います。

そんなときにオススメしたいのが、**「何かと何かの境目に存在するもの」**です。具体的には、例えば歴史で言えば、ある時代とある時代の境目に活躍した人物。これを極めておけば「その人物が関わった出来事」が詳しく理解できるのはもちろん、ある出来事がその人物の時代よりも前か後かを判断できるようになるからです。

センター試験の日本史では「3つの出来事を年代順に並べ替える問題」が例年数問出題されていました。これが、重要だけどまぎらわしいところを突いてくる問題で、なかなか厄介なのです。2021年から形式が変わった大学入学共通テストを見ても、形は多少変わっているもの同様の問題が出題されたようです。見た目は違っていても、これからも出題されるでしょう。

簡単な例で言えば、「白村江《はくそんこう》の戦い」「飛鳥浄御原令《あすかきよみはらりょう》」「改新の詔《みことのり》」「庚午年籍《こうごねんじゃく》」あたりの並べ替えです。7世紀の日本における公地公民制や律令制度の成立に関わるので意味のあるものですが、前後関係はあやふやになってしまいがちなところではないでしょうか。

しかし、「天智天皇《てんじ》」をのこと詳しく知っていれば、簡単な問題に早変わりします。若い頃には「中大兄皇子《なかのおおえのおうじ》」として大化の改新の中心人物となり、斉明天皇《さいめい》没後に天皇には即位しないままトップとして白村江の戦いに臨み、その後の短い天皇在位期間の主な業績として庚午年籍があること、彼の在位中には飛鳥浄御原に宮を置いていないことが知識としてあれば、「改新の詔」「白村江の戦い」「庚午年籍」「飛鳥浄御原令」と並べることは難しくありません。

境目の人物の中でもとりわけ効果が高いのは「長生きした人物」「準主役級で長年活躍した人物」でしょう。時代の前後関係や、「誰と誰が友好関係にあったか」をつかみやすいのです。主役級の人物——例えば源頼朝や徳川家康、伊藤博文——は誰もが詳しく知っているでしょうから、準主役級の人物は入試で狙われやすいポイントでもあります。

ここで、私が重視した人物を何人か並べてみましょう。

■天武《てんむ》天皇

先ほどの天智天皇の弟です。ネームバリュー的には準主役とはいえませんが、壬申《じんしん》の乱がいちばん派手なだけに、「大海人皇子《おおあまのみこ》が即位して天武天皇となった」以降がすっぽり落ちてしまいがちかと思います。

大臣も置かずに豪族を新たな支配体制に組み込もうとした強い権力体制、『日本書紀』や『古事記』の編纂事業、それに律令の制定事業といった、**この前後の時代のキーワードになるような政策をたくさん行っています。**まさに時代の転換期の中枢にいたような人物で、この人を追えば白村江の戦い以後の新羅や唐との関係なども自然と学ぶことになります。

国号「日本」や称号「天皇」のスタートにまつわる話も出てくるので、東大二次でしばしば問われる「東アジアにおける外交関係を踏まえて」のような、内政と外交のリンクにも強くなります。

■白河《しらかわ》天皇

摂関政治から院政への転換期に在位していた天皇です。この人物を学んでおけば、「北面《ほくめん》の

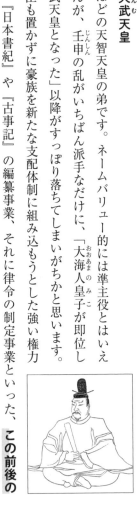

武士・西面《さいめん》の武士」で引っ掛けられることもなくなるでしょう。どうしても後白河天皇とイメージがかぶるので（肖像画も似ている）、**頭の中で勝手に白河天皇のイメージ画像を作ってキャラ立てしておくのも良いかもしれません。**「平清盛は白河天皇の落胤《らくいん》（隠し子）だった」という説などもあるので、周りの人物との時代前後関係も抑えやすくなるのではないでしょうか。

■浅《あさ》野《の》長政《ながまさ》

豊臣政権の五奉行のうちの1人です。この時代は魅力的な人物がたくさんいて好きだという方も多いでしょうが、そんな方でも意外に抜けがちなところでしょう。

名前がそっくりな「浅《あざ》井《い》長政《ながまさ》」のほうは織田信長の義弟でもあってよく知られた人物ですが、そちらではありません。手元にある教科書の索引にも名前はありませんし、**この人物自体が問われることはまずないでしょうが、この時代の年表に出てくる事項に多く関わっている人物の1人です。**主だったところを挙げると、信長配下にあった時

代の秀吉の家臣としての浅井《あざい》氏攻め、賤ケ岳《しずがたけ》の戦い、太閤検地、秀吉の関東・奥州平定、家康側に付いての関ヶ原の戦いなど。戦国時代が苦手な方が、この時代の出来事の流れを追うのに適した人物だと思います。

■井上勝《いのうえまさる》

画像引用：国立国会図書館ウェブサイト

「日本の鉄道の父」です。それほど知名度が高いところではありませんが、江戸末期に伊藤博文や井上馨《いのうえかおる》らとともにイギリスに渡って学んだ長州五傑のひとりです。

維新前後の動きや思想と関連するのはもちろん、**初期の鉄道事業がどのように進展していったかを知ることで当時の日本の政策を学ぶことにも繋がります。**どことどこを結ぶ路線がなぜ重視されたのか、という理由がつかめてくるからです。お雇い外国人に頼っていた明治初期から、日本が技術を身につけて自立するまでの流れもわかってくるでしょう。

■幣原喜重郎《しではらきじゅうろう》

１９２０年代の「幣原外交」で知られる内閣総理大臣です。小学校の歴史の授業では名前を聞いた覚えがなかったのに、高校の日本史になると何度も何度も登場する人物です。**昭和初期の外務大臣というイメージが強いために、戦後の内閣総理大臣を務めている印象が薄れがち。**２０１９年のセンター試験・日本史Bでもそこが問われました。ちなみに私はこれを間違えて（歴代首相も覚えていなかったので）、幣原喜重郎という人物を調べるようになりました。

画像引用：国立国会図書館ウェブサイト

ほかにも名前を挙げたい人物はいますが、ここまでに挙げた人物は、いずれも時代の転換期を生きた人物です。出来事を「点」で暗記するのではなく時代の境目を生きた人物に注目することで、時代を「線」にして理解することができるのではないでしょうか。

point

物事の理解度を高めるには、「流れ」を把握すること。境目のものを知ることが「線」での理解につながる

no.33

【地理・歴史】最上の印象付けは「現地を歩く」

旅行を楽しみながら確実な知識を獲得！

2019年のセンター試験・地理Bでは、パリ市内3か所の写真が示され、それが地図上のどこにあたるかを問う問題が出題されました。新都心や旧市街の風景と、それがどこに形成されたかを尋ねているわけです。

幸運にも私はその前年の夏にパリに行く機会があったので、考える必要もなく答えることができました。市内を散策して「このあたりは似たような建物ばかりだなあ……ほとんどが箱型で白い壁に縦長の窓が規則的に並んでいて……路駐が多くて雑然として、自分は住めなさそう」などと感じていた風景など、見覚えがある写真が並んでいたからです。

受験勉強で忙しい時期とはいえ、遠出をする機会はあるでしょう。**その土地のことを予習**

して、歴史などを思い浮かべながら現地を歩いてみると、観光としても楽しいし、印象にも残ります。いざその地域の問題や、関連する知識を問う問題が出たら、確実に得点できるはずです。

私は会社員なので出張もあり、この手の機会には恵まれていたほうかもしれません。例えば福岡市に行ったときなどは、業務後の空き時間を使って船で志賀島《しかのしま》に渡り、金印出土地の公園を歩きました。金印（レプリカ）の小ささや、「水田耕作中に発見された」というものの水田があったとは思えない急峻《きゅうしゅん》な地形などに驚いたものです。帰京後に興味を持ってその時代の復習をし、知識の定着に繋がりました。この島は砂州で九州本島とも繋がっていますので、地理の学習にもなりました。

新婚旅行で訪れたのは、ドバイ経由でケニアでした。それらの国の位置や周辺諸国との関係、日本とどの程度の経度差（すなわち時差）があるかなどは、旅行の下調べで印象に残っていました。低空を飛ぶケニアの国内線の飛行機や国立公園のサファリツアーでは、センター試験でよく問われるアフリカの植生などを実際に目にしたおかげで、数年後の地理の学習がすんなりと理解できました。

妻の実家の札幌市へ行ったときには、ふと思い立って隣の小樽《おたる》市に足を延ばしました。何の前情報も持たずに行ったものの、最初に立ち寄った博物館で北前船《きたまえぶね》とニシン漁が果たした歴史的な役割、それに縄文時代の遺跡を知りました。それから海の近くにある高台にのぼって市内を見渡すことで、歴史を「目で見て」印象に残すことができました。

修学旅行や家族旅行、あるいは受験で訪れる町などには、それぞれ歴史があるはずです。直接歴史の舞台になっているところでなくても、**授業で学んだ知識の実例が無いかを考えてみると、観光が楽しくなって知識の定着にも役立ちます**。例えば、地形図や古地図との比較。これはどの町でもできることです。また、その土地のことをインターネットで調べてみるのもオススメ。日本史や世界史で知っている意外な人物の名前が出てくることもあります。足跡をたどるつもりで現地を歩いてみると、その人物に親しみがわいて、訪れた土地と直接関係のないことにも詳しくなれるかもしれません。

わざわざ現地を訪れるというのは一見非効率な方法ですが、**何度も復習をしなくとも知識が定着する、他と混乱しない知識を獲得できるというメリットは大きいと思います**。旅行や散策を兼ねていることを考えれば、コスパの悪い話ではないでしょう。

また、自分の住んでいる土地にも、知らない歴史が眠っているものです。かくいう私もこの項を書くにあたって調べてみたところ、現在暮らしているマンションのまさに眼下に時代不明の塚があったことを知りました。昭和初期に開発されて今はその跡形もないのですが、江戸時代の文献にその姿があるそうです。また、平安時代に創建された大きな神社も近所に健在です。今は姿を消した廃駅も、私の住む街の歴史のひとつです。

地理や歴史は、教科書の中だけにあるものではありません。自分の暮らしの身近に感じることでより興味を持って学ぶことができ、ひいては確実な知識に繋げることができることでしょう。

point

実際に経験したことは記憶に定着しやすい。時には息抜きもかねて、現場を見てみよう

no.34

【地理・歴史】昔の教科書も役に立つ

変化を実感して記憶に刻め！

再受験を検討している社会人の方は、ご自身が中高生だった頃の教科書をお持ちでしょうか。私は実家の書棚に残っていたので、帰省の際に何冊か目を通してみました。当時の授業の記憶を取り戻そうと軽く考えたためではあるのですが、これがなかなか面白かったのです。最新の教科書に書かれていることとの違いを探してみると、興味深いものがあります。例えば元素記号が少し少なかったり、富本銭がまだ発見されておらず記載されていなかったり──懐かしく思うとともに、**学問は進化している**のだなと感じさせられます。

受験勉強の面で最も実用的なのは、地理の教科書でしょう。**90年代の知識と比較することで、グラフ問題や記述問題の解答に役立ちます。**顕著なのが中国の成長です。最近の地理の各種グラフでは、2000年以降の中国の成長が目立つものが多くあり、それに気を取られて他の国の盛衰が目に入ってこないこともあります。私が学んだ1990年代には中国はまだ飛躍的な経済成長を遂げる前で、今ほどの存在感はありませんでした。現在の教科書の表記とは色々違っていて、興味深いものです。

確か小学校で学んだ、漁業の種類別に分けた日本の漁獲高のグラフなども、世代によって記憶がずいぶん異なるでしょう。私が小学校で習った頃は、マイワシの減少で「沖合漁業」が急降下の真っただ中にあるようなグラフを見たように思います。数年中には「養殖業」に追い越されるのだろうなという印象を受けるグラフだったはずですが、実際にはそのあたりで「沖合漁業」も下げ止まったようで、その後はあまり激しい動きのグラフにはなっていません。私よりも上の世代の方になると、「遠洋漁業の時代が終わって沖合漁業が急速に伸びている」という印象を持っている方も居られるかもしれません。

あるいは「世界人口」も、世代によって抱えているイメージが大きく異なるものでしょう。私は今でも「地球の人口は56億人」というイメージが強くあります。小学校高学年の頃の記憶が強く残っているのでしょう。

今では、世界人口は80億人に迫る勢いです。各国の人口順位は、「中印アイブロパキ日バンナイ」と覚えた記憶があるので、中国・インド・アメリカ・インドネシア・ブラジル・ロシア・パキスタン・日本・バングラデシュ・ナイジェリアの順だったはずです。２０１９年の国連によるデータでは、4位までは変わらないものの、パキスタンが7位から5位に浮上。ナイジェリアも10位から7位に上がり、6位のブラジルにも迫る勢いです。この２つの時代を知っていれば、各国の人口規模の差だけでなく、人口増加速度の見当もつけられることになります。センター試験でありがちだった、日本とほか3か国の人口推移グラフが示されてどの国か当てる問題などにはうってつけでしょう。あとは、なぜその国で人口増加が速いのかなどの背景を調べると、復習の必要がないほど印象付けて覚えられるわけです。

解明された事実や教え方のノウハウは年々蓄積されていくのですから、現在の教科書のほうが優れていることは間違いないでしょう。しかし、**内容を印象づけながら学習を進めるためには、昔の教科書も役に立つことがあります。**直接的な知識にはつながらないかもしれませんが、勉強が面白いものになるはずです。どのような違いがあるかを調べるうちに、学んだことも印象付いてくるでしょう。

ぜひ、昔の教科書と今の教科書を比較しながら読んでみてください。現役受験生などの若い方であれば、ご両親の教科書などを見せてもらうのも良いでしょう。
また、未来に備えて、教科書や資料集を何冊か取っておいてはどうでしょうか。10年後の教科書には、恐らくまたガラリと様相が変わったグラフが載るでしょう。その見比べをすることは、再受験に役立つのはもちろんのこと、世界の動きを知るのに一役買うことでしょう。

point

昔と変化があった内容はその変化こそ最大の特徴。変化の理由を考えることも「流れ」の理解につながる

【歴史】十干十二支は計算でクリア！

覚えなくても済むことにリソースを割くな！

乙巳《いっし》の変。庚午年籍《こうごねんじゃく》と庚寅《こういん》年籍。壬申《じんしん》の乱、己《き》酉約条《ゆうやくじょう》、戊戌《ぼじゅつ》夢物語。さらに近代では、戊《ぼ》辰《しん》戦争や壬午《じんご》事変（軍乱）、甲申《こうしん》事変（政変）、甲午《こうご》農民戦争、戊《ぼ》申《しん》詔書《しょうしょ》、辛亥《しんがい》革命。迷信による、丙午《ひのえうま》生まれ世代の人口の少なさ……。

これらに共通するのは、十干十二支《じっかんじゅうにし》が冠されていることです。日本を含む東アジアでは、ある出来事が起こった年を示すため、十干十二支＝「干支《えと》」がしばしば用いられてきました。史料にも時折登場します（『続日本紀《しょくにほんぎ》』の「天平十五年歳は癸未《みずのとひつじ》に次《やど》る」など）。

現代で「干支」といえば、「子丑寅卯辰巳午未申酉戌亥」の十二支を指すことが多いでしょうが、本来は「甲乙丙丁戊己庚辛壬癸」の十干を組み合わせたものを指します。最初が甲《こう》子《し》、次が乙丑《いっちゅう》、丙寅《へいいん》、……といった具合です。12と10の最小公倍数、60年で一巡します。こ

※数字はそれぞれの年が回ってくる順番

	甲	乙	丙	丁	戊	己	庚	申	壬	癸
子	1		13		25		37		49	
丑		2		14		26		38		50
寅	51		3		15		27		39	
卯		52		4		16		28		40
辰	41		53		5		17		29	
巳		42		54		6		18		30
午	31		43		55		7		19	
未		32		44		56		8		20
申	21		33		45		57		9	
酉		22		34		46		58		10
戌	11		23		35		47		59	
亥		12		24		36		48		60

どこか１カ所の組み合わせを起点にして計算で導ける

れが還暦です。

つまり、「甲子の年」の60年後は必ず「甲子の年」となるわけです。**これを利用すると、歴史上の事件の年号を効果的に覚えることができます。**正確に覚えていなくても、（例えば庚午年籍と庚寅年籍の）前後関係を計算することも容易になるのです。

私は「庚午年籍＝６７０年」だけを覚えました。あとは、十干十二支の表（上図）を試験の問題用紙にさらさらと書いて、６７０年を基準に数えるのです。

例えば「甲午農民戦争」の「甲午の

年」を考えてみましょう。十干十二支で、庚午は7番目、甲午は31番目の年です。つまり、甲午は庚午の24年後なので、694年が甲午の年であることがわかります。あとは60年ごとに甲午が来るのですから、754年、814年、……、1834年、1894年、1954年、……これらが甲午の年です。甲午農民戦争は、日本と中国（清）との対立の中で起こった出来事ですから、江戸時代の1834年や太平洋戦争後の1954年ではないでしょう。ということで、1894年とわかるわけです。

面倒なようですが、慣れてくると1分もかからずに求められます。十干十二支の表は必要な部分だけ書けば良いですし、法則性がわかれば計算も活用できるでしょう。

別に覚えておくのは「庚午年籍」に限るわけではなく、覚えやすいものをひとつ覚えておけばOKです。西暦が60で割り切れる年が庚申だというのも良いでしょうし、野球ファンの方なら阪神甲子園球場ができた1924年が甲子、と覚えられるかもしれません。西暦の下一桁ゼロの年が「庚」とさえ覚えておけば、あとは「今年の干支」を組み合わせることでも計算できます。

他の科目と比べ、日本史の試験は時間に余裕があるケースが多いでしょう。少なくともセンター試験ではその傾向が高くありました。東大二次試験（文系のみ）では時間に余裕があるとはいえませんが、地歴2科目で150分の時間がありますから、ペース配分次第で数分程度は捻出できます。**事前の知識がモノを言う日本史の試験の中で、「その場で考えて答えを出せる」「検算できる」というのは大きな特徴です**。

このように、一見すると暗記以外に手が無いようなものであっても、実は暗記以外の手段でクリアすることができる場合があります。暗記して何度も復習すれば同じ結果が得られるかもしれませんが、大変な時間がかかりますし、他との混同を避けるためにも暗記量は少しでも減らしたいものです。

暗記しなくて済むものにまで暗記リソースを割くのはできるだけ避けて、できるだけ「その場で答えが導ける」ような学習方法をとるのが効率的でしょう。

point

「暗記モノ」だからといってすべてを暗記する必要はない。その場で答えが導ける勉強法を考えてみよう

no.36

【数学】数学と実生活をリンクさせる

問題をつくることで解き方をつかめ！

確率論の萌芽《ほうが》は17世紀のフェルマーとパスカルの文通にある、という有名な逸話がありま す。「AとBがお金を出し合ってゲームで先に3勝したほうがお金をもらえるというギャンブルを始めたが、Aの2勝1敗の時点で終了しなくてはならない事情が発生したとき、お金はAとBにどのように配分するべきか？」という問いを、パスカルがフェルマーに相談したという話です。

このままギャンブルを続けたと考えたとき、Bが勝つためには2ゲームを連勝する必要があるので、Bが勝つ確率は4分の1。残りの4分の3はAが勝つのですからお金もAが4分の3を得るのが妥当である、という単純な問題です。これほど単純な「確率」の概念がわずか4世紀前にはまだ確立されていなかった、というのは興味深いものですね。もっとも、博打というのは古の時代からあるもので、無意識には確率は意識されていたのでしょうが。「2勝1敗の時点で終了しなくてはならない事情」というのは現実にはあまり起こりそうにない、エピソード用に作られたようなものだな――と思っていたものですが、2020年には感染症の流行の影響で似たような状況が多く発生しました。高校野球の甲子園大会は中止、プロ野球やJリーグの開幕は延期され、バスケットボールのBリーグやWリーグはシーズン途中で打ち切りになりました。

スポーツファンのひとりとしては嫌な想像ですが、**「こういう状況で打ち切りが発生したら、どう配分すれば良いか」という例を考えるのは現実性が増しました。**

例えば「先に4勝したほうが優勝となる日本シリーズが3勝1敗の状態で打ち切りになったら、賞金はどう配分すべきか」という問題を自分で考えて解いてみるのはどうでしょうか。更には「日本シリーズの出場チームを決めるクライマックスシリーズの途中で打ち切りになったら」などと考えてみるのも面白いでしょう。数学の参考書の中の存在だった「確率」が、身近な存在として感じられるようになるかもしれません。

実生活で数学の問題を作ることができるのは、確率だけではありません。

例えば「吊り橋のメインケーブルから等間隔に吊るされたハンガーロープの長さの合計は

どれだけか」。橋を真横から見て路面をx軸、ハンガーロープの間隔を1とする座標平面を作り、メインケーブルをグラフに見立てれば、積分を使っておよその答えが求められそうです。あるいは「利回り4%で、1回の取引ごとに固定の手数料を取られる投資は、何回行えば元金を2倍に増やすことができるか」。こちらは対数を使って方程式を作って解くことができそうです。

私はジョギングしている際に、このような「適当な問題」を思い浮かべては解き方を考えていました。単調なジョギングでの飽きや苦しさを紛らわせるのが主目的でしたが、**結果的には東大二次試験の数学で役立つ「解き方を考える練習」にもなっていた**ように思います。

普通の問題集では、ある解き方が練習問題で示されて、それを使って応用問題を解くことが多いでしょう。ですが東大二次試験の数学でいちばんのカギとなるのは、「どのような解き方をすれば答えにたどり着けそうか」を考える能力だと思います。問題集の洗練された問題とは異なり、適当に思いついた問題は「答えが出せるかどうかもわからない」問題です。それだけに「**解けないから諦める」必要はなく、考えているうちに「ここの情報さえ追加でもらえれば解ける」ということがわかる、というケースもあります。**これを繰り返しているうちに、「この解き方を使うためには、この情報が揃っていれば良い」「こういう答えを導きたければ、この解き方を使えば良い」といった、解法のHOW TOがつかめてくるのです。

「数学で習うことは実生活と何の関係もないことばかりだから面白くない」という方は少なくありません。しかし先の確率論の例に限らず、賭け事や建築、商売、航海などの必要性に端を発する数学も少なからずあります。数学で生まれた技術もまた、通信の暗号や宇宙開発などに活かされています。ゲームプランナーの私もアイディアに行き詰まったときに数学の教科書をめくって、目にした数式を使って面白い仕様が作れないかなどを考えてみることがあります。

「数学で習った知識が使えそうな問題を考える」ことは、「与えられた問題の答えを考える」のとは少し違った考え方のトレーニングになります。手元に紙と鉛筆が無くてもできるトレーニングですから、何かの機会にまずは試してみてはいかがでしょうか。

point

問題は与えられたものを解くだけでなく、自分で作ることでも考え方の理解につながる

第5章

結果を左右する「本番当日の過ごし方」

no.37

【最終確認ノートをつくろう】

試験直前の休み時間は、もっとも濃密な学習時間

本書の冒頭に記したように、私の受験生活3年間での学習時間は1000時間ほどでした。そのうちおよそ1割の90時間ほどは、試験そのものを含めた「センター試験・二次試験の受験当日」が占めています。**受験当日というのは「やるべきことはすべてやった、あとは天に祈るのみ」ではなく、得点を確実にするために重要な時間**なのです。最後の章では、私が受験当日にやっていたことを紹介していきたいと思います。

大学入学共通テストでも二次試験でも、1日に数科目の試験が行われます。ひとつの科目の試験が終わって次の試験を待つまでの時間は、学校の定期試験に比べてかなり長めに設定されています。短時間学習で受験に挑戦する人間にとって、「当日の数十分間」は合否を分

ける時間とさえ言えるかもしれません。最後の空き時間に何を勉強するかはとても大切です。

会場に大量の参考書を持ち込む受験生も少なからず目にしました。「もしかしたら直前に気になることがあるかもしれない」というのはよくわかるのですが、どれもこれも持ち込むのでは、かえってどれを読むか迷ってしまいます。大半を読まずに試験開始時刻を迎えてしまうでしょう。あまり重い荷物を持って混雑した電車に乗り、開門待ちをするのは、体力の消耗にもつながってしまいます。

私は、**当日の空き時間に見直す〝最終確認ノート〟**を用意しました。大学までの電車、到着してから最初の科目までの時間、お昼休みなど「最後の数十分間」に見直すことを決めておいたのです。出題されてから「勉強したはずなのに」という悔しい失点を無くすためです。

私の場合、当日に見直すことにしていたのは、主に次のような内容でした。

数学は、三角関数を中心とした公式を導くための方法の復習。センター試験では、それに加えてデータの相関（相関係数、分散、偏差）の学習です。これは高校時代に勉強した記憶が全くなく、数学Ⅰ・Aの中では少し苦労しました。手元にある高校時代の教科書（数研出版、平成10年刊）を見ると数学Bの範囲に入っているので、私の時代には出題範囲外だった分野かもしれません。

国語は、古典単語のゴロ。古文漢文の勉強は、年間を通してほぼコレだけでした。地歴は、明治政府ができてから国会が開設されるまでの時代の流れの復習を。英語は、センター試験ではアクセントの参考書。二次試験では、接続詞の総ざらいでした。理科（センター試験のみ）は、酸化還元反応の「主な酸化剤」といったところです。

どうしても覚えられないことや一晩寝たら忘れてしまうことは、どうしてもあるものです。**これを丁寧に覚えようとするといたずらに時間を使いすぎてしまいます。**ですから、当日に覚えなおす「最終確認ノート」に書き留めて、その場の勉強は終わりにしていました。ノートに書くことで覚えることもあります。それはそれで良いですし、当日直前に見直すことで安心して試験に挑むことができます。

中高の定期試験では、テスト寸前にいくつかのフレーズを見て開始直後に問題用紙に書き出しておく、といったワザを使った方もいるかもしれません。しかし、東大二次試験ではこれは難しいので注意が必要です。各科目の試験開始30分前からは、参考書やノートを見ることはできません。ですから「最終確認ノート」は、一度勉強したうえで、最後の一押しで覚えられそうなことにしておくべきでしょう。

【最終確認ノート】

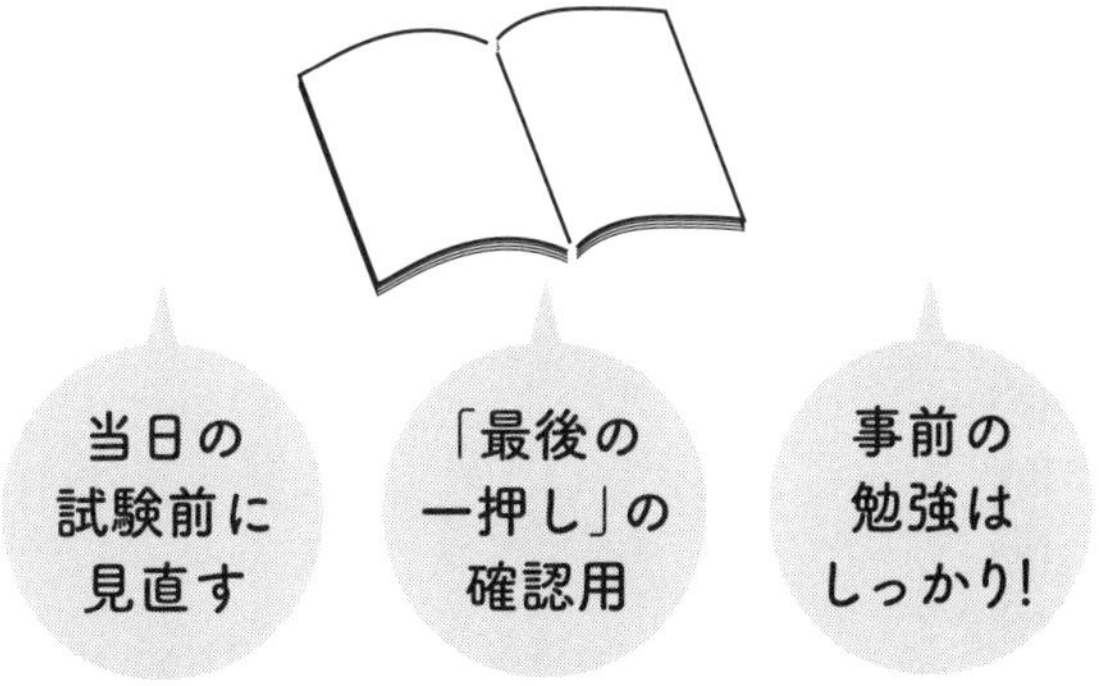
当日の
試験前に
見直す
「最後の
一押し」の
確認用
事前の
勉強は
しっかり!

「当日の数十分」は合否を分ける重要な時間

ちなみにこの30分間は相当暇です。問題用紙の配布、注意事項の説明、写真照合、解答用紙への氏名書き込みなどの時間ではあるのですが、それらが済んでからの20分ほどは、何もできない状態で座っていなくてはなりません。

開始5分前頃に眠くなって、集中できない状態で開始を迎えることになったりすると最悪です。特に英語や国語は、試験開始のタイミングでの精神状態によって、得点が大きく左右されかねません。集中して開始の合図を迎えることの重要さは、ＴＯＥＩＣの試験で痛感していました。

ベストコンディションで試験開始を迎えるためには、20分間のルーチンをある程度考え

ておくと良いでしょう。私の場合は、5分前頃まで目をつぶって軽く頭を休めていました。その後、前の時間までの得点勘定から、その科目の解答順序を改めて決めます。1分前に深呼吸して頭をクリアにして、それから試験開始を迎えていました。ここで「覚えたことを思い返す」のは、あまり良くないかもしれません。思い出せなかったことを確かめる手段がなく、動揺した状態で試験に臨むことになってしまうからです。

せっかく時間を使って学習を進めてきたのですから、また、せっかく時間を使って試験に臨むのですから、なるべく良い状態で受験をしたいものです。試験開始前の時間の使い方を決めておくことは、試験中のコンディションを上げるための大きな助けとなるでしょう。

point

本番直前の時間はコンディションを整えるための重要な時間。そのときにできる最良の方法を事前に考えておく

no.38

【確信の見込みが無い長考は悪手】

わからない2択にとらわれるな

入試の試験時間はかなり長めに設定されていますが、一部の科目を除くと「時間に余裕がある」とは言い難いでしょう。人それぞれの得意科目によっても差はありますが、時間いっぱいに使ってギリギリ解答できる科目や、問題を選ばねば時間が足りない科目もあるはずです。それだけに時間配分の戦略の練り甲斐も生まれるのですが、解答しているうちに時間がかかりそうな場面に出会うことも少なくありません。この対策を先に立てておかねば、長考で時間配分を狂わされてしまうでしょう。

もっともありがちなのは、「数学での思わぬ計算ミスで、原因を探るのに手間取ってしまう」ことだと思います。日頃から計算のトレーニングをしていても、どうしても計算ミスは出てしまうものです。あとから考えれば単純なミスであっても、試験時間中に深い穴にはまってしまうのは誰しもが持つ経験ではないでしょうか。

前述したように、私は「計算はミスするもの」と大きく構え、それを前提とした得点勘定をしていました。そのため**原因がすぐに突き止められなかった計算ミスは、「諦める」**という手段を取ることができたのです。行き詰まったら満点を諦めて部分点を拾い、別の問題に移るという方法です。その計算ミスを解消「できれば」取り返せる得点と、他の大問に手を付ければ拾える得点とを天秤にかけて、期待値が高いほうを選択するのが良いでしょう。もちろん、センター試験の数学Ⅰ・Aのように比較的時間が残る試験であれば、あとから再検証の時間を取ってやり直すのもひとつの手です。

また、「どっちかなぁ」と悩む2択に遭遇することもあります。地歴の知識問題で迷うこともあれば、国語の読解で選択肢を2つまで絞ったあとに悩むこともあるでしょう。計算ミスほどの時間は取られないかもしれませんが、一つひとつの2択に悩んでいると、全体の時間配分に大きな影響が出てしまうこともあります。

私がとっていた手段は、「迷ったらランダムで決める」でした。**過去の経験から言って、「どちらかわからない」ときには、いくら考えても確信が持てる答えまでは行きつかない**からです。「思い出せない」ときや「もう少し確かめないとひとつに絞れない」ときとの大きな違いです。悩んでも得点の期待値が上がらないことがわかっているのならば、さっさと解答して次の問題へ移った方が効率的でしょう。

ランダムといっても、静かな試験場で鉛筆を転がすわけにはいきません。ここは、持ち込みが許されている「時計」を使ってはどうでしょうか。秒針が奇数を指していればA、偶数を指していればBと心に決めて、時計に目をやるのです。ちなみに会場の時計には紙が被せられていて見えないようになっており、使うことができません。また、秒針の音が鳴るような時計が持ち込めない点にも注意しておくべきでしょう。私の東大入試の場合はそのようにしましたが、他の場面でも自分の意思に依らない何かに委ねてしまえばいいと思います。

ランダムで決めた結果、「こっちじゃない気がする……」という思いにとらわれることもあるかもしれません。**その場合は、迷わずもう一方のほうに答えを変えれば良いのです。**心の中で、「もう一方が正解である確率が高い」と思っている証拠ですから。

このようなことは、冷静になっているときや時間を取れるときであれば、簡単に判断できることでしょう。ですが試験会場で初めてその状況に出会ってしまうと、パニックに陥ってしまいかねません。事前に対応方法を決めておくことで、時間のロスを抑えられます。これらの対策を立てることは、色々な場面での経験を積んできている社会人受験生にとって、得意な分野といえるかもしれません。

point

本番中に起こりうる事態を想定し、対策を考えておくべし。いざとなれば運に任せるのもひとつの手段!

no.39

【自己採点をいつするか？】

終わった試験はさっぱり忘れてでは勿体ない！

センター試験の1日目の問題の正答は、その日の夜には公開されていました（大学入学共通テストでも同様だったようです）。二次試験にしても、予備校作成の解答例が例年速報されます。まだ2日目の試験が残っている段階で、終わった科目の自己採点をするかどうかは悩ましいところでしょう。

「終わった試験科目を振り返っても、今更できることは何もない。次に引きずらないようにさっぱり忘れよう。自己採点は全部終わってから」という方もいらっしゃるでしょうが、**私はできるだけ早く自己採点をしたほうが良いと考えています。**1日目の途中、2日目の途中にしても同様で、試験中に迷ったところは試験終了直後に調べ、振り返ります。次の科目が始まる前の〝何もできない待ち時間〟には、ここまでの科目でだいたい何点取れているかを想定し、それから次の試験に進んでいました。

終わった試験科目の点数に対しては、確かに何もできません。ですが**入試は「合計点」勝負ですから、先の科目の得点によって、後の科目の必要点は変わってきます**。

前述したように、試験本番には科目ごとのノルマ点数を定めて臨んでいます。前の科目でそれ以上に十分得点できているなら、次の試験のノルマは軽くなります。つまり、「時間を掛ければ得点できるところ」に思いっきり時間を掛けて、その問題の得点だけを確実に取る「守りの姿勢」で良いのです。逆にノルマ点数に及ばなかった場合は、次の科目では一か八か高得点を狙いに行かねばなりません。〝並の得点〟では不合格になるのですから、確かめや下書きに時間を掛けずに全問を解く「攻めの姿勢」が必要になります。

私の場合、二次試験の最初の科目・国語に関しては、終わった時点でまずまずの手応えだと感じていました。国語を自己採点するのは難しいですが、古文・漢文も大意をつかめて、時間配分もうまくいったからです。ノルマ点数前後には達しただろうと考えていました（実際、ノルマの80点に対して81点の得点でした）。

ですから次の数学は当初の予定通り、「どうせ計算はミスするのだから、最後まで正確に解くことよりも、答えを導くための道筋を丁寧に書こう。自信のある設問だけは最後まで解こう」と気軽に臨み、狙い通り1問完答・3問半答の50点を得られました。もしも国語の手応えが悪かったなら、がむしゃらに数式を並べ、答えが合っていると信じつつ、2問以上の完答を狙うつもりでした。

ところが、2日目の地歴の自信が今一つでした。問題の手応えが薄く、簡単に答えを書き連ねていくことはできたのですが、それだけに「問われていることの本質を書けているのか」が不安になったのです。実際にはノルマ80点を超える84点でしたから、自分の実力がついていて問題が簡単に感じたということだったのかもしれません。模擬試験の経験がないのがマイナスに出た点といえます。

ですが、当日はそんなことはわかりません。最終科目の英語では、リスニングの時間を半分使って英作などを丁寧に進め、40点を取りに行くつもりでしたが、それでは足りない計算になります。ですから、リスニングの選択肢読みに時間を割き、放送もフルに聴いて、並べ替え問題（部分点がもらえないので得点を見込んでいない）にも時間を掛けて、一か八かで高得点を狙いに行ったのです。あとから考えれば危険な賭けでしたが、リスニングが少し取れ、他で落としての42点に落ち着いたのは幸運でした。もしも英語以前の得点に余裕があれば、英作と和訳要約だけにひたすら時間を掛けて、確実に30点を狙いに行く選択肢もありました。

この戦略は「時間が足りない」科目が後半に残っていないと取れないものなので、人によって向き・不向きはあるでしょう。ですが、「終わった科目のことは綺麗さっぱり忘れて……」は、やはり勿体ないと思います。残りの試験でもできることがないか、最善を尽くすにはどうすべきかをギリギリまで考えることが、最高の結果につながることでしょう。

point

終わったことは早めに振り返り次の戦略に活用する。何もしないのはもったいない！

no.40

【受験当日の罠①】
解答用紙が収まらない机

皆さんは、東大二次試験の解答用紙を見たことがありますか？　予備校の模試などでは、本番を模した解答用紙が使われていると思うので、知っている方もおられるかもしれません。

各科目共通で、Ａ３くらいのサイズの大きな解答用紙が配られます。これに、表・裏びっしりと解答を書き込んでいくわけです。縦長に使うか、横長に使うかは、科目によって異なります。

問題は、これを置く机の奥行きが短いこと！

解答用紙が机から奥にはみ出てしまうのです。前の席の受験生に当たってしまっては申し訳ないので、解答用紙の上部を丸めながら解答するなど、試験そのものでないところで気を使う必要があります。前の席の人の髪の長さや上着の形状によっては、それを気にしながらの解答になってしまう可能性もあるでしょう。

特に地歴の解答用紙は、縦長に置いて横書きで記述しなければなりません。その文字数は非常に多いため、解答用紙の下半分に記入するときなどは、用紙を半分に折りたくなるくらいです。しかし表裏ともに大量の文字を書くので、折ってしまうと文字が反対側に写ってしまう恐れがあり、そうはできません。当然ながら、下敷きは持ち込みそのものが認められていません。

そして、机のサイズは全員共通というわけではありません。受験生は多くの棟・教室にわかれて受験するため、**広い机にあたる受験生もいれば、狭い机にあたる受験生もいます。**私は（再受験を始めてから）3度東大受験をしましたが、1度目と2度目は用紙が縦に収まらない狭い机、3度目はそれを気にしなくて良い広い机でした。このために合否がわかれたとまでは思いませんが、不公平なのは確かです。

これは大学側が改善すべき大きな問題でしょう。採点のしやすさ、答案の紛失の防止などの課題があるのは理解できます。しかし、そこは運営側がどうにかすべきであり、受験生側に負担を強いるべきではありません。

とはいえ、すぐに解答用紙が変わる期待は持たないほうが良いでしょう。本番になって困惑しないよう、狭い机での解答練習を一度はしておいたほうが良いと思います。椅子も座り心地の良いものではなく、隣との幅も広くないので荷物を置く場所にも気を使います。

受験前に送られてくる「受験者心得」で、自分が受験で入る教室はわかります。東大生に知り合いがいるなら、その教室の机のサイズなどを訊いてみるのも良いかもしれません（試験室の下見はできません）。講堂のような広い試験会場の場合には、寒さとの戦いもあります。

いずれにせよ、受験本番の環境はかなり劣悪です。会社のデスクや自宅のリビングとはまるで勝手が違います。日ごろの学習よりもはるかに悪い環境で力を発揮せねばならないことは、覚悟しておく必要があるでしょう。

point

会場設備などハード面での不測の事態も考えられる。できる限りの下準備と心の準備をしておこう

no.41

【受験当日の罠②】

2時間以上も待ちぼうけ

入試会場に行ってみて初めて気づく落とし穴というのは、ほかにもいくつもあります。朝、早めに会場の近くに着いておいて、朝ご飯を食べながら復習をしようと考えている方も少なくないでしょう。しかし、少なくとも文科各類の受験会場である駒場東大前駅周辺では、それに適した場所はあまり無いように思います。**待機できるスペースは多くありません。**事前の下見では空いているように見える場所でも、当日は予備校の応援団などが陣取っています。雨や雪が降っているとかなり悲惨です。

駅前のハンバーガー店は開店がかなり遅めでした。私はここで朝食をとってから開門待ちの行列に向かったのですが、親御さんと一緒に朝ご飯を食べている受験生と思しき方も多かったので、開門時刻まで席はあまり空かないでしょう。受験会場近辺のお店は込み合うことを想定して動くべきです。

試験開始時刻が迫っての現地入りというのも不安なものです。遠方の方は、できれば徒歩圏内のホテルを早めにとっておくのがベストでしょう。渋谷エリアは価格が高く、池尻あたりがお手頃ではあるのですが、ずいぶん早くに予約が埋まるようです。ただ、センター試験の直後に調べると、二次試験の時期に空室が出ていました。センター試験の自己採点を経て志望校を変えた受験生がいたのかもしれません。なお受験生の宿泊については東大生協からの案内もあり、ホームページで紹介されています。

試験会場内での飲食についても事前の確認が必須です。

会場に入ると小教室にわかれて受験し、その教室ごとに何人もの試験官が付きますから、試験官の数は膨大です。**その全員が試験のルールを正しく把握してくれているわけではありません。**たかだか4ページの受験者心得程度は読んでおいていただきたいものではありますが、それすら確実とは思わないほうがいいでしょう。私と同室の受験生のひとりが、試験開始前の待機時間に「お茶を取り出して飲みたい」と申し出たのですが、「それはダメです」と断っている先生がいらっしゃいました。3、4人から同じようなことを申し出られてから、教室の主担当らしき先生に確認され、そこで「監督者の許可を得て水分補給可」だったことを知ったようです。

かなり乾燥している季節で、咳をこらえるためにも水分はとりたいところなので、教室によってルールが変わってしまうのは良くありません。試験官が知らないことにも備えて、気になるルールは「受験者心得のココに書いてありましたから、確認して頂けませんか」などと申し出られるようにしておいたほうが良いでしょう。本当は、ラベルを外した飲料類は机の上に置いて、いつでも飲めるようにルールを変えてほしいのですが……こぼすリスクなどを考えると難しいのかもしれません。

最終科目が終了してから退室できるまでの時間の長さも、どうにかしていただきたいところです。2019年の二次試験（文科）では、**2日目の試験終了後、最初の教室の退室開始まで2時間も待たされました。**恐らくは回収した解答用紙の数が合わなかったなどの理由でしょうが、受験生に対しては何のアナウンスもありません。やがて「帰りの飛行機に間に合わなくなりそう」などという受験生が続出し、会場が慌ただしくなってきました。私も保育園のお迎え時刻の限界が近づき（もともと2時間以上の余裕を見ていた）、試験官の許可を得て保育園や妻への連絡に追われました。結局、限界いっぱいの時刻で試験場を出られ、タクシーを使ってなんとか間に合ったのですが。

これに懲りて、翌年は受験後のスケジュールを大きく空けておきました。それでも、**試験が終わってから退室するまでの時間潰しは用意しておいたほうがいいでしょう。**携帯機器での時間潰しは、電源を入れてはいけない時間帯も少なくないため、オススメできません。「参考書などを取り出して読んでも構いません」とは言われますが、最終科目が終わってから勉強する気にもあまりなれないでしょう。

この年の私は、大好きなライトノベルシリーズの最新刊を持ち込んでおき、この時間に読むことで時間を潰しました。つい数週間前に発売されたもので、もちろん早く読みたかったのですが、受験が終わったら読もうと楽しみにとっておいたのです。私の受験生活での最後のクエスト報酬でした。

point

試験の前後は時間には余裕を持ち、いざとなれば時間潰しができる用意もしておこう

おわりに

私が東大に入学して、1年が過ぎようとしています。3年間の受験勉強を振り返ってみると、東大の学生証よりも価値のあるものをたくさん得られたように思います。

ひとつは自信です。得意分野を広げるための足場として自信が重要だというお話は、本文中でもさせていただきました。根気の必要な試験をクリアできたことで、「やればできる」という自信に繋がりました。試験の勉強が楽しく感じられるようになり、さっそく業務に役立ちそうな法律系の資格試験をひとつこなしました。

もうひとつは余裕です。日頃の過ごし方にしても、焦らなくてもなんとかなる、と余裕を持って構えられることが多くなってきたように思います。すると不思議なもので、「やらなければいけない」と思っていた頃より仕事もプライベートもこなせることが増えてきました。それによって更に余裕が生まれ、人生が充実してきたような気すらしています。

もちろん、たくさんの知識や考え方を得られたこと自体も大きな収穫でした。これまでに持っていたノウハウや経験との相乗効果で、ゲームの企画の幅も広がりました。また、受験に関して色々調べる経験や、本を執筆させていただく経験も、受験無くしては得られなかったものだと思います。

得られるものは人それぞれでしょうが、「簡単には達成できない目標をクリアする」という経験は、人生に色々なプラスを与えてくれるのだと感じます。

さて、入学直後から休学していた私ですが、幸いにして上司や同僚、家族の協力に恵まれて、2021年4月から週に何度か授業に出席できることになりそうです。業務の都合もあって出席できる曜日は限られるため、その中で可能な限り履修科目を調整せねばなりません。これからは会社員と東大生の二足の草鞋《わらじ》を履くことになりますが、受験勉強で得た経験を糧にして効率的にこなしていきたいと考えています。

もちろん、仕事と家事と学業だけではなく、他にもチャレンジできることを探していくつもりです。いつの日か、それらを再び文章にまとめられる日が来ることを願いながら、このあたりで筆をおきたいと思います。

最後までお付き合い頂き、ありがとうございました。

【著者略歴】

松下佳樹（まつした・よしき）

1983年、愛媛県松山市生まれ。

愛媛県立松山東高、日本電子専門学校ゲーム制作科、早稲田大を経て、株式会社セガにゲームプランナーとして入社。

2020年春、36歳で東京大学文科三類に合格し、サラリーマン東大生となる。

趣味は将棋、ジョギング、競馬・ボートレース観戦など。二児の父。


30代サラリーマンが1日1時間で東大に合格した

「超」効率勉強法

2021年4月23日　第一刷

著　者　　松下佳樹

発行人　　山田有司

発行所　　株式会社　彩図社
　　　　　東京都豊島区南大塚3-24-4
　　　　　MTビル　〒170-0005
　　　　　TEL：03-5985-8213　FAX03-5985-8224

印刷所　　シナノ印刷株式会社

URL：https://www.saiz.co.jp
　　　https://twitter.com/saiz_sha

 ISBN978-4-8013-0517-5 C0095

彩図社好評既刊

現役東大生が教える
超コスパ勉強法

佐々木京聖

　多くの人は「正しい勉強法」を知らないまま努力を続け、結果として成績は伸び悩んでしまう。「正しい勉強法」は誰でも身につけられる非常にシンプルなものであり、確実に力をつけられる方法であり、何より無駄がなく、とても「コスパがいい」ものだ。

「勉強しているのに思うような結果が出ない」

「受験勉強のやり方がいまいちわからない」

「成績の伸び方が頭打ちになってきた」……

　そんな人にこそ本書を読んでもらい、勉強が得意に、そして好きになってもらいたい。


ISBN978-4-8013-0411-6　46判　本体1400円＋税